Henriette Hell
Erst kommen, dann gehen

HENRIETTE HELL

ERST KOMMEN, DANN GEHEN

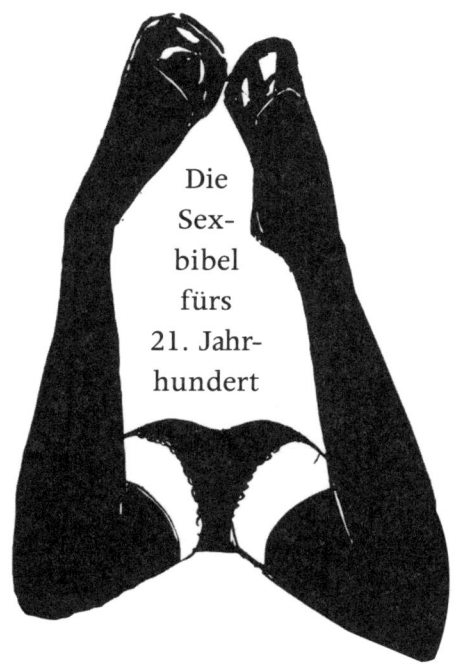

Die
Sex-
bibel
fürs
21. Jahr-
hundert

Ullstein

Besuchen Sie uns im Internet:
www.ullstein-taschenbuch.de

Originalausgabe im Ullstein Taschenbuch
1. Auflage Juli 2017
© Ullstein Buchverlage GmbH, Berlin 2017
Lektorat: Marion Appelt
Umschlaggestaltung: zero-media.net, München
Titelabbildung: © FinePic®, München
Satz: KompetenzCenter, Mönchengladbach
Gesetzt aus der Apollo MT Pro
Druck und Bindearbeiten: CPI books GmbH, Leck
ISBN 978-3-548-37669-1

Inhalt

Intro

Beliebte Frage (auf Partys) an mich: »Warum schreibst du über Sex?«

Beliebte Antwort meinerseits: »Weil ich's kann.«

Was ich damit meine: Ich schreibe gerne offen und lässig über Sex – weil ich finde, dass das viel zu wenig Leute tun.

Mir ist nämlich schon häufig aufgefallen, dass sich die Sexanekdoten und -probleme meiner Freunde und Bekannten oft so gar nicht mit dem decken, was uns Werbung, Film- und Fernsehindustrie (inklusive Pornos) oder Lifestylemagazine als normales oder erstrebenswertes Liebesleben verkaufen wollen. Von allen Seiten wird uns vorgegaukelt, wir müssten perfekt (im Bett) sein, um den richtigen Partner zu finden und halten zu können. In den sozialen Medien machen wir uns deshalb mit Hilfe von Filtern zu fehlerfreien Sexobjekten – weil wir denken, das hilft.

Aber das ist Quatsch! Perfektion ist nichts als langweilig. Vor allem wenn es um Intimität geht. Wer, bitte, braucht vorgetäuschte Orgasmen, gekünsteltes Stöhnen oder pornöse Verrenkungen nach Drehbuch? Echter Sex ist anders. Er ist nicht immer bloß schön, sondern oft auch dreckig, verstörend, emotional aufwühlend, bewusstseinserweiternd und ein bisschen verrückt. Du weißt nie, was auf dich zukommt, wenn du dich auf einen neuen Menschen einlässt, und bist jedes Mal nur einen Schritt vom Abgrund, von Missverständnissen und Schmerzen entfernt.

Und das ist gut und richtig so! Weil es das *echte* Leben ist. Ungefiltert. Genau wie dieses Buch, das ich geschrieben habe, um festzuhalten, was die sogenannte »Generation Y« – meine Generation – in Sachen Liebe und Lust beschäftigt, antörnt, zerfleischt oder nervt. Denn mal ehrlich, Leute: Was ist schon weltbewegender als die menschliche Sexualität?

In den vergangenen Monaten habe ich immer dann besonders gut zugehört, wenn in meinem Umfeld offen über Sex berichtet wurde. Das passiert häufig, weil mich viele seit der Veröffentlichung meines ersten Buches *Achtung, ich komme!* für so eine Art Dr. Sommer halten und sich gerne von mir beraten lassen oder mir Inspiration liefern. Die besten Erzählungen habe ich für dieses Buch literarisch noch einmal nacherlebt. Ich kann wirklich von Glück reden, dass meine Freunde in sexueller Hinsicht so herrlich extrovertiert und auskunftsfreudig sind. Darüber hinaus habe ich mich für dieses Buch mit allen neuen Studien und Trends rund ums Thema Fortpflanzung auseinandergesetzt: Wann kommt die Pille für den Mann auf den Markt? Ersetzen moderne Sextoys bald unsere Männer? Wie viel Prozent der Deutschen gehen fremd und warum? Macht es Sinn, sich seine Eizellen einfrieren zu lassen? Das sind alles Fragen, die unsere unmittelbare Zukunft mitbestimmen.

Ziel dieser kleinen »Sexbibel« ist es, meine Leserinnen und Leser – also euch! – dazu zu bringen, lockerer und

entspannter mit dem Thema Sex umzugehen, Missver-
ständnisse aus der Welt zu schaffen und Flops im Bett
nicht allzu ernst zu nehmen. Denn am Ende wollen wir
doch alle dasselbe: guten Sex.

Also: Genießt euch!

A wie Abhängigkeit

Dein Ex war ein Sexgott?
So verkraftest du den Entzug

Habt ihr euch schon einmal von jemandem getrennt, der eine absolute GRA-NA-TE im Bett war? Mit dem ihr möglicherweise sogar den besten Sex eures Lebens hattet? Falls ja, dann werdet ihr mir beipflichten, dass so etwas zu den ärgerlichsten Dingen überhaupt zählt, weil man den Wahnsinnsorgasmen, die einem diese Person beschert hat, verdammt lange hinterhertrauert und mitunter regelrechte (Sex-)Entzugserscheinungen hat. So wie kürzlich meine Freundin Didi. Wochenlang heulte sie mir die Ohren damit voll, wie grandios es angeblich mit IHM gewesen sei: »Die Art, wie er mich geleckt hat, war einfach magisch. Ich bin jedes Mal mindestens dreimal gekommen. So guten Sex werde ich nie wieder haben!«, jammerte sie.

Das war natürlich Quatsch, denn was Didi – die erst 25 war – in ihrem Schmerz völlig außer Acht ließ, war die Tatsache, dass sie und ihr Ex zwischenmenschlich überhaupt nicht zusammengepasst hatten. Sie war ein Partygirl, er mochte ruhige Fernsehabende und Gesellschaftsspiele. Sie wollte um die Welt reisen, er ein Eigenheim.

Aber in der kurzen Zeit, in der die beiden ein Paar waren, war all dies nie ein Problem gewesen, weil sie – ganz pragmatisch – immer angefangen hatten, miteinander herumzumachen, sobald ihnen der Gesprächsstoff ausgegangen war oder sie begonnen hatten zu streiten. Irgendwann war es dann aber doch so weit: Ihr Freund verließ sie für eine, die zwar nur halb so sexy wie Didi war, aber dafür ebenso sehr auf Reihenhäuser in der Vorstadt abfuhr wie er.

Wer kann's ihm verdenken? Es war die einzig richtige Entscheidung – jedenfalls für ihn und eigentlich auch für sie.

Trotzdem habe ich Didi noch nie dermaßen am Boden zerstört erlebt. »Er wird mir so fehlen«, jammerte sie. »Mein Herz ist gebrochen.«

Ich korrigierte sie: »Schatz, seine ZUNGE wird dir fehlen. Mehr aber auch nicht.«

Da heulte sie noch lauter. »Danke, dass du mich noch mal daran erinnerst …! Aber was soll man machen? Unsere Liebe war wohl zum Scheitern verurteilt.«

Ich korrigierte sie erneut: »Süße, das war keine Liebe. Du warst bloß süchtig nach dem Sex mit ihm. Schon bald wirst du jemand anderen treffen und mit ihm mindestens genauso heißen Sex haben.«

Ich gab noch zu bedenken, dass sie wohl kaum noch mit ihrem Ex zusammen sei, wenn es nur darum gegangen wäre, mit ihm abzuhängen und tiefsinnige Gespräche zu führen. Daraufhin verzog Didi auch prompt das Gesicht. »Um Gottes willen! Das wäre die pure Zeitverschwendung gewesen.«

Ich nickte zufrieden. »Siehst du? Guter Sex ist großartig – aber eben nicht genug, um eine Beziehung zu führen.«

Didi schniefte melodramatisch. »Verstehst du denn nicht? Kein anderer Mann wird es mir jemals wieder so geil besorgen! Das macht mich traurig …«

»Das ist doch Quatsch. Guter Sex hängt immer von ZWEI Menschen ab. Dein Ex war nur deshalb so gut im Bett, weil auch DU dort so eine Granate bist. Ihr zwei habt toll miteinander harmoniert. Was du von ihm über dich und deine Bedürfnisse gelernt hast, kannst du beim Sex mit deinem nächsten Lover einbringen – und dann wird es bestimmt NOCH besser!«

Für die Trockenperiode dazwischen habe ich ihr ein verrücktes kleines Sextoy namens »Womanizer« empfohlen. Es sieht aus wie eine Computermaus und stimuliert die Klitoris mit sanften Druckwellen. Alle Frauen in meinem Bekanntenkreis, die das Ding ausprobiert haben, kommen damit innerhalb von Sekunden (!) mehrmals (!!) zum Orgasmus. Eine gute Methode, um so einen harten Sexentzug zu überstehen, wie Didi ihn derzeit durchmacht. Sie muss bloß aufpassen, dass sie nicht von einer Abhängigkeit in die nächste rutscht. Stöhn!

Regel Nr. 1: Such dir nach der Trennung so schnell wie möglich einen Ersatz fürs Bett, damit deine Grundsehnsüchte gestillt werden. Zur Not tut es auch ein hochwertiges Sextoy.
Regel Nr. 2: Ohne deine Skills wäre der Sex mit deinem Ex niemals so gut gewesen. Also trauer ihm nicht hinterher, sondern sei stolz, dass DU so eine Granate im Bett bist!

Regel Nr. 3: Sei dankbar für alles, was du durch deinen Ex über dich und deine sexuellen Bedürfnisse gelernt hast. Dadurch wirst du zukünftig noch besseren Sex haben.

A wie Affäre

Der Unterschied zwischen
Liebhaber und Geliebtem

»Habt ihr eigentlich Haustiere?«

Fassungslos starrte sie ihre fünfzigjährige Kollegin Linda an. Das konnte doch jetzt nicht deren Ernst sein! HAUSTIERE? Wen zur motherfucking Hölle interessierte denn jetzt noch, ob sie sich zu Hause sibirische Winkelschwanzlurche hielt oder jeden Abend mit Pucki, ihrem Wellensittich, über psychoanalytischen Atheismus philosophierte?

Sie wollte hier weg! Geschlagene vier Stunden dauerte dieses öde Geschäftsessen nun schon. Ihr Abteilungsleiter wollte mit ihnen eigentlich die Neuausrichtung des Unternehmens besprechen. Aber weil hier – außer »Cheffe« und ihr – nur Mütter von Kleinkindern anwesend waren, redeten die Kolleginnen sowieso nur über die Knappheit von Kita-Plätzen in Hamburg, die Vor- und Nachteile von Teilzeitarbeit in der Elternzeit sowie die Qualität unterschiedlicher Babyfeuchttücher. An einem Freitagabend. Um 22.20 Uhr. Mussten die nicht bald mal alle zurück zu ihren Blagen?

Als es um Kinderkrankheiten ging, drehten ihre Kolleginnen noch mal voll auf und quorrten, was das Zeug hielt, über die jeweiligen In-Wehwehchen in den Kitas ihrer Gören. Sie ignorierten sie größtenteils. Kinderlos und in undurchsichtige On-off-Liebeleien verstrickt, hatte sie absolut nichts zum Gespräch beizutragen. Und jedes Mal, wenn sie versuchte, ein neues, in ihren Augen interessanteres Thema anzuschneiden (sie versuchte es mit der Knappheit guter Elektro-Clubs im Großraum HH und Teilzeit als Lebensmodell aus reiner Faulheit), wurde sie mitleidig angeschaut, nach dem Motto »Du wirst auch noch merken, was *wirklich* zählt im Leben, Herzchen«.

Pah, wenn die wüssten. Sie sollte jetzt nämlich eigentlich bei Pete sein, der nur wenige Häuser entfernt von dem zugegebenermaßen erstklassigen Restaurant wohnte, in dem sie soeben Wolfsbarschfilet an Venusmuscheln mit Süßkartoffelstampf verspeist hatte. Die konnte sie allerdings nicht so richtig genießen, weil Pete ihr pausenlos versaute Nachrichten aufs Smartphone geschickt hatte: »Los, komm endlich her, damit ich dich so lange lecken kann, bis du zwischen meinen Lippen kommst.«

Huh … Da war man selbstredend nicht so ganz bei der Sache, wenn man von den werten Kolleginnen gefragt wurde, ob man eher so der Katzen- oder Hundetyp ist.

Der ganze Tisch guckte jetzt zu ihr. Naaa? Wauwau oder Muschi?

»Ich hasse Tiere«, presste sie trotzig hervor.

Ratlose Blicke. Stille. Verlegen nippte man an seinem Getränk. Das Thema schien damit tatsächlich abgehakt zu sein.

»Ihr glaubt nicht, was Paulchen neulich auf dem Spielplatz passiert ist. So was von niedlich war das!« Verdammt, diese Linda gab einfach nicht auf ... Ihr reichte es jetzt. Höflichkeit hin oder her.

»Oh, schon so spät – ich hab ganz vergessen, dass ich meine, äh, Schwester noch vom, äh, Bahnhof abholen muss ...« Und Pete war der Zug, der gleich in sie einfahren würde. Tut-tuuut! Und weg war sie.

Mit Pete, Mitte vierzig, DJ und ziemlich sexy, hatte sie seit dreieinhalb Wochen eine waschechte Affäre, worauf sie verdammt stolz war. Denn es war gar nicht so einfach, einen Mann zu finden, mit dem man SO ETWAS vernünftig durchziehen konnte – also sich regelmäßig zum Vögeln verabreden, ohne sich zu verlieben oder Gewissensbisse zu bekommen wegen etwaiger Lebensabschnittsgefährten. Deshalb war mit den meisten Männern nach maximal zwei (Sex-)Treffen Schluss, was sie immer ziemlich bedauert hatte. Wenn SIE nämlich zweimal richtig guten Sex mit jemandem hatte, dann war sie erst so richtig angefixt und dachte rund um die Uhr an das Objekt ihrer Begierde. In diesem Fall an Pete, wie er sie an den Hüften packte. Pete, wie er sie gegen die kalte Wand in seinem Hausflur presste. Pete, wie er langsam ihre Schenkel auseinanderschob.

Klar, beim ersten Mal landete man oft ungeplant zusammen in der Kiste. War es gut, wurde das zweite Mal häufig bewusst forciert, um zu prüfen, ob der Sex wirklich so gut war, wie man ihn in Erinnerung hatte. War das der Fall, wurde es gefährlich – beim dritten Treffen: Auf fulminante Orgasmen und gute Gespräche folgte oft Bauchkribbeln, man war plötzlich verknallt. Das versuchten viele Leute direkt zu umgehen, indem sie es bei zwei Treffen beließen.

Das mit Pete hatte sie aber im Moment noch unter Kontrolle. Wenn sie merkte, dass sie anfing, ihn verzückt von der Seite anzustarren und von gemeinsamen Wochenenden an der Ostsee zu träumen, meldete sie sich einfach eine Weile nicht mehr bei ihm. Bis die Erinnerungen verblassten und sie sich, abgelenkt durch ihren anstrengenden Alltag im Büro, wieder gefangen hatte. Erst kommen, dann gehen.

Aber heute, da konnte sie es kaum erwarten, Pete zu treffen. Er hatte den schönsten Schwanz, den sie je gesehen hatte. Am liebsten würde sie ihn fotografieren und sich in einem hübschen Bilderrahmen auf den Nachttisch stellen. Aber damit hätte ihr fester Freund vermutlich ein Problem. Ja, sie hat einen Freund, aber dazu später mehr.

Das zwischen Pete und ihr war jedenfalls nur Sex – sonst nichts. Eine Bettgeschichte, die er oder sie jederzeit beenden konnte, nach Lust und Laune. Sie hatten sich niemals irgendwelche Versprechungen gemacht oder über die Zukunft gesprochen. Das ist natürlich der Nachteil bei Affären: Keiner weiß so genau, was der andere wirklich denkt. Weil es tabu ist, über Gefühle zu reden, wenn es feste Partner gibt. Man verdrängt lieber, was sich auf der einen Seite anbahnt, während auf der anderen Seite so langsam, aber sicher alles den Bach runtergeht.

Eines der wichtigsten Gesetze bei Affären lautet, dass jedes Mal das letzte Mal sein könnte (was den Sex nicht unbedingt schlechter macht). Damit muss man leben können. Für sie war das kein Problem, denn immerhin liebte sie ihren festen Freund Konstantin. Konstantin, mit dem sie mehr oder weniger plante, ihre Zukunft zu verbringen, der ihr aber leider seit einigen Wochen unglaublich auf den Sack ging mit seinem bescheuerten PROJEKT. Ihr Freund hatte es sich in den Kopf gesetzt, mit Hilfe von

Crowdfunding ein eigenes Fotobuch herauszubringen, das die versifftesten und heruntergekommensten Klos auf ganz St. Pauli abbilden sollte. Seit sie ihn kannte, schoss er bei jeder Gelegenheit Schnappschüsse stiller Örtchen in Bars, Imbissen und Nachtclubs. Aktuell hatte er von den benötigten 10 000 Euro Startkapital erst schlappe 70 Euro beisammen – 40 Euro kamen von seiner Mutter, 30 von ihr. Noch blieben ihm vier Wochen bis zum Ablauf der Frist. Schaffte er es nicht, würde er alle Spenden an seine »Supporter« (also sie und seine Muddi) zurückzahlen müssen. Konstantin war deshalb seit Wochen mit nichts anderem als der Produktion von Imagevideos und der Pflege seiner Facebookseite beschäftigt, um »Unterstützer« zu generieren. Ihr Sexleben bekam keinerlei Support. Das Haushaltskonto auch nicht.

Folglich fühlte sie sich vernachlässigt und flüchtete immer häufiger in die Arme ihres Liebhabers, der sie behandelte wie eine (Sex-)Göttin. Und das tat enorm gut. Auch wenn sie jedes Mal, nachdem sie in Petes Armen gekommen war, die traurigen Augen ihres Freundes vor sich sah und sich dann ganz elend fühlte. Aber gleichzeitig waren diese heißen Nächte zu einer Art Lebenselixier für sie geworden.

Ein LIEBHABER (auch: Fuckbuddy) ist übrigens etwas völlig anderes als ein GELIEBTER. Geliebter = Du liebst jemanden, bist also aktiv und von Herzen involviert. Liebhaber = Jemand hat dich lieb. Sprich: Du bist passiv und damit emotional aus dem Schneider, weil es dir nur um Körperlichkeiten geht. Um guten Sex. Das war's.

Wenn du allerdings schon so weit bist, dir einen Geliebten zuzulegen, kannst du deine Beziehung eigentlich gleich beenden. Alles andere wäre Quatsch, weil du zwei Männer emotional gleichzeitig bei Laune halten müsstest. Und den Stress tut sich, glaube ich, niemand freiwillig an.

Bisher war dieses Gefühlschaos bei ihr ausgeblieben, weil sie Konstantin ehrlich liebte. Aber in Pete war sie nach weiteren drei Wochen auch irgendwie verknallt, denn sie bekam mit ihm all das, was ihr Freund ihr augenblicklich vorenthielt: Komplimente, Aufmerksamkeit, Champagner, Orgasmen. Ja, Leute, so einfach sind manche Frauen gestrickt. So war es kaum verwunderlich, dass die ganze Geschichte irgendwann aus dem Ruder lief.

»Das mit uns ist etwas Besonderes«, sagte Pete eines Abends zu ihr, als sie sich nach dem Sex verschwitzt in den Armen lagen. »Ich will mehr davon und überhaupt – ich will dich.«

Sie nickte nur und schluckte trocken. Denn mittlerweile war auch sie nicht mehr dazu in der Lage, ihre Gefühle zu beherrschen. Bald darauf trennte sie sich von Konstantin. Hauptsächlich deshalb, weil sie ihr schlechtes Gewissen nicht mehr ertragen konnte und lieber noch einmal ganz von vorne mit jemandem beginnen wollte. Sie hatte es nämlich irgendwann satt, sich wie ein Miststück zu fühlen.

Blöderweise musste sie sich bereits zwei Wochen später eingestehen, dass zwischen Pete und ihr von dem Augenblick an die Luft raus war, als klar war, dass sie sich nun ganz offiziell ineinander verlieben durften – und er damit nicht mehr länger ihr heimlicher Liebhaber war. So bei Tageslicht, mit Pfefferminztee statt Champagner, war ihre Liaison plötzlich gar nicht mehr sooo aufregend. Und für einen Moment dachte sie sogar darüber nach, eine heimliche Affäre mit ihrem Exfreund Konstantin zu beginnen. Denn neuerdings schrieb der ihr immer so versaute SMS, wenn sie mit Pete beim Abendbrot saß …

Regel Nr. 1: Such dir einen Liebhaber (der DICH liebt), keinen Geliebten (den DU liebst), sonst versauen dir deine Gefühle den ganzen Spaß am zwanglosen Sex.

Regel Nr. 2: Wenn du anfängst, mit deinem Fuckbuddy im Kino Händchen zu halten, oder ihr euch in Restaurants gegenseitig mit Chop Suey zu füttern beginnt, ist es Viertel vor Beziehung. Willst du das?

Regel Nr. 3: Eine Affäre hebt deine Welt für kurze Zeit aus den Angeln. Dieser Zustand kann dir dabei helfen zu erkennen, was du wirklich willst.

B wie Bester Freund

Oder: Finger weg!

Wenn man einen besten Freund hat, fantasiert man heimlich immer mal wieder darüber, wie es wohl wäre, mit ihm zu schlafen. Diese Fantasien bekommt man nicht aus seinem Kopf. Außer man tut ES endlich.

In der Regel läuft das so: Ihr zieht gemeinsam los – Frustsaufen! Wahrscheinlich, weil gerade einer von euch (mal wieder) verlassen, enttäuscht oder gefeuert wurde. Ihr seid nervlich am Ende, untervögelt und habt euch beide vorgenommen, ein attraktives Trostpflaster aufzureißen. Aber dafür seid ihr nach dem fünften Gin Tonic entweder zu betrunken oder zu faul. Außerdem habt ihr mit eurem »Besti« sowieso viel mehr Spaß als mit irgendwelchen Fremden. Ihr versteht euch blind, habt schon viel zusammen erlebt (Rock am Ring 2003, Abi 2006, Thailand 2009) und seid im Grunde Seelenverwandte. Komisch, dass euch das erst jetzt auffällt. Hicks!

Gegen fünf Uhr morgens torkelt ihr Richtung U-Bahn, und du lallst: »Willsu noch für'n Absacker mit zu mir kommen?«

Klar will er, also geht ihr in deine Wohnung, und dort passiert es dann irgendwie. Erst mal: Prost! Dann lehnst du den Kopf an seine Schulter. Ihr schwört euch bei Kerzenlicht ewige platonische Liebe. Zwei Momente später spürst du seine Lippen zuerst an deinem Hals, dann auf deiner Wange, und schließlich spielen eure Zungen miteinander. Knutsch hier, Fummel da – so weit, so gut. Doch sobald es ans Eingemachte geht, bekommt ihr einen Blackout. Alles geht schief. Er bekommt vor Aufregung keinen hoch und versucht, die Misere mit schlechter Zungenarbeit auszugleichen. Du bereust die ganz Aktion eigentlich schon von der dritten Sekunde an, weil dir relativ schnell klar wird, dass all die schmutzigen Phantasien, die du dir seit Jahren gegen deinen Willen ausgemalt hattest, totaler Quatsch sind. Du willst die Aktion aber trotzdem durchziehen – der Freundschaft wegen. Wäre ja unhöflich, ihn jetzt einfach von dir wegzustoßen.

Doch irgendwann erträgst du das Elend einfach nicht mehr und fängst innerlich an zu schreien: »Hör auf! Geh weg! Verschwinde!« Denn seine Küsse fühlen sich falsch an, so, als würde man von seinem Bruder geküsst. Und das findest du (im Gegensatz zu den Leuten aus *Game of Thrones*) gar nicht sexy. Also krächzt du zwei Sekunden vor der Vereinigung eurer Geschlechtsteile: »Es tut mir leid – ICH KANN NICHT!« Und das war es dann.

Der Vorteil so einer peinlichen Bettgeschichte: Wenn ihr nach einer kurzen Erholungsphase (die dauert etwa zwei Monate) dazu in der Lage seid, euch wieder zusammenzuraufen, sagt das einiges über die Qualität eurer Freundschaft. Nämlich, dass ihr euch wirklich liebhabt – als Freunde! Und sämtliche erotischen Spannungen zwischen euch dürften hinterher für alle Zeiten zwischen euch eliminiert sein.

Trotzdem wirst du vermutlich auch noch Jahre später von Flashbacks aus jener Nacht heimgesucht werden. Aber gräme dich nicht: Das, was da passiert ist, war nicht allein euer Fehler. »Aus evolutionärer Perspektive ist jede halbwegs gleichaltrige Person des anderen Geschlechts ein potentieller Fortpflanzungspartner – wenn Mann auf Frau trifft, steht das einfach im Raum«, bestätigte der Psychologe Lars Penke von der Georg-August-Universität Göttingen in *ZEIT Wissen*. Eine andere Studie der Universität Oldenburg ergab, dass 44 Prozent der befragten Männer sich erotisch zur besten Freundin (falls sie denn eine haben) hingezogen fühlen. Bei den Frauen waren es umgekehrt immerhin 31 Prozent.

Wer sich das trotzdem ersparen will – und das würde ich jedem dringend empfehlen! –, der sollte seinen »Besti« nach einer durchzechten Partynacht einfach nicht mit nach Hause nehmen. DAS ist auch schon das ganze Geheimnis.

Regel Nr. 1: Sex mit sehr guten Freunden hat immer etwas leicht Inzestuöses.

Regel Nr. 2: All die schmutzigen Phantasien, die du dir bisher gegen deinen Willen ausgemalt hast, haben nichts mit der Realität zu tun.

Regel Nr. 3: Schlimmstenfalls dauert es Monate, vielleicht Jahre, bis zwischen euch wieder alles cool ist. Hast du so viel Zeit?

D wie Der Morgen danach

Gefühle nach einem One-Night-Stand

Sie sitzt in der S-Bahn auf dem Weg ins Büro, total übermüdet und gleichzeitig hellwach. Letzte Nacht hatte sie völlig überraschend wilden Sex mit einem ganz wunderbaren Mann. Und nun schießen Gedankenfetzen wie Blitze durch ihren Kopf:

1. Scheiße!
2. Was für eine Nacht!
3. Meine Lippen sind total wund.
4. Kann der küssen …
5. Oh Gott, gleich haben wir ja Konferenz! Warum mussten wir uns auch an einem Dienstag treffen …?
6. Mann, ich bin immer noch betrunken. Nee, eher high vor lauter Glücksgefühlen.
7. Voll der Absturz.
8. Hahahahahahahaaaaaa …
9. Ich bin so eine Schlampe. Gleich beim ersten Treffen …
10. Was hat er noch gleich gesagt? Ich bin die schönste und witzigste Frau, die er jemals … Und er mag meinen Po!

11. Endlich mal einer, der meine Qualitäten zu schätzen weiß.
12. Ich HASSE seine Freundin. Warum ist er eigentlich noch mit der zusammen? Aber nach allem, was letzte Nacht zwischen uns war, wird er sie vermutlich verlassen. Tippe ich mal.
13. Fuck, mein Leben ist so ein Chaos ...
14. Ich brauch KAFFEEEEEEEEEEE!
15. Ob's ihm bloß um Sex geht ...?!
16. Oh Gott ... Ich bin NULL auf die Konferenz vorbereitet. Mein Chef bringt mich um!
17. Hmm ... Ich spüre immer noch seinen Schwanz in mir. Und meine Haare riechen nach seinem Bett. Das ist schön. Wird mich durch den Tag bringen.
18. Boah, wackelt die Bahn heute ... Liegen die Schienen schief, oder was?
19. Scheiße, ein Fleck auf meinem Rock! Sperma. Igitt! Ob der jemandem auffällt? Müsste aber feucht auszuwaschen sein ...
20. FUCK! Meine Station ...
21. Wow, ich hab richtig Muskelkater in den Oberschenkeln.
22. Ob ich ihm mal kurz irgendwas Versautes schreibe? Dass ich es kaum erwarten kann ... ihn ...
23. Oder soll ich lieber bis heute Abend warten?
24. Nicht, dass er denkt, ich sei jetzt voll *in Love* oder so.
25. Krass, was dieser Typ da gestern mit seiner Zunge angestellt hat ...
26. Und diese eine Stellung ...
27. ... kannte ich in der Form noch gar nicht.
28. Ich bin mindestens dreimal gekommen!

29. Dreieinhalb, würde ich sagen.

30. Als Callboy würde der Junge definitiv Karriere machen.

31. Ob er schon viele Frauen hatte?

32. Ach, Scheiße, da war ja was mit dem Kondom. Geplatzt!

33. Aber er ist ja nicht in mir gekommen ... Oder doch?

34. Ich schreib ihm jetzt einfach mal kurz. Irgendwas Unverbindliches. »Bist du auch so müde wie ich? Aber DAS war es wert ;-)«

35. Oder nee, lieber ohne Smiley. Smileys sind kindisch. Ich bin eine erwachsene, sinnliche Frau.

36. Huch, ich hab ja gar keine Kontaktlinsen drin!

37. Jetzt werde ich gleich gar nichts von Herrn Müllers PowerPoint-Präsentation erkennen.

38. Mist. Mist. Mist!

39. Gibt's im Drogeriemarkt nicht so Einweglinsen? Mal gucken ...

40. Mit zwanzig habe ich solche Nächte noch besser verkraftet.

41. Wieso antwortet der Arsch nicht auf meine Nachricht? Ich seh doch, dass er sie bereits gelesen hat! Die Haken sind BLAU. So blau wie wir gestern. Haha.

42. Na ja, vielleicht duscht er gerade.

43. Verdammt, ich will mehr Sex mit ihm!

44. Ich bin irgendwie immer noch total geil.

45. Wenn ich doch jetzt nur noch mal ganz kurz seine Lippen spüren könnte ...

46. ... an meinem Hals. Und überall sonst auch ...

47. Mann, ey, wieso schreibt der denn jetzt nicht?

48. Was, wenn er plötzlich Gewissensbisse kriegt – wegen seiner Alten?

49. Aber nach DEM geilen Sex? Unwahrscheinlich.
50. Oh, guten Morgen, Herr Müller!

Regel Nr. 1: Gönn dir hin und wieder einen One-Night-Stand unter der Woche. Am darauffolgenden Arbeitstag wirst du dich nicht nur müde, sondern auch so verrucht und überlegen wie nie fühlen.

Regel Nr. 2: Wenn du schon versehentlich auswärts schläfst, dann steh wenigstens rechtzeitig auf, damit du dich vor der Arbeit noch schnell im Drogeriemarkt mit Deo, Einwegkontaktlinsen, Schminke und frischen Nylons eindecken kannst.

Regel Nr. 3: Euer Sex war grandios? Trotzdem kann es passieren, dass er oder sie dich nicht wiedersehen möchte. Manchmal dauern magische Begegnungen eben nur wenige Momente an. Freue dich einfach über sie.

D wie Dirty Talk
für Feministinnen

Pogo im verbalen Minenfeld

Dirty Talk – das ist wie Pogo im Minenfeld. Gefährlich. Du weißt nie, wo für den anderen die Grenze zwischen sexy und peinlich-vulgär verläuft. Hier ein beispielhafter Dialog zweier Vögelnder in Aktion:

ER (mit höchst erregter Stimme, während er mit seinen Fingern zwischen ihren Schenkeln beschäftigt ist): »Na, willst du jetzt, dass ich dich richtig ficke, du kleine geile Schlampe?«

SIE (etwas irritiert): »Ähm ... ja, bitte!«

ER (macht erst mal noch weiter): »Na, gefällt dir das? Bist ja schon ganz feucht!«

SIE (leicht stöhnend): »Jaaaaa.«

ER: »Was soll ich jetzt mit dir machen? Komm, sag's mir, erzähl mir deine schmutzigsten Phantasien.«

SIE (etwas zögerlich): »Ähm, schlaf doch jetzt einfach mit mir. Ich will dich in mir spüren.«

ER: »Wie hättest du es denn gerne?«

SIE: »Also erst mal ganz normal und später dann von hinten, würde ich vorschlagen.«

ER: »Na gut, dann schieb ich dir jetzt meinen Schwanz gaaanz tief rein.«

SIE: »Okay.«

ER: »Huhhh, das ist geil. Ist es auch so geil für dich?«

SIE: »Jaaaaa.«

ER: »Du bist so ein versautes Miststück.«

SIE (etwas amüsiert): »Findest du?«

ER (schon völlig außer Atem): »Du brauchst es heute richtig hart, oder?«

SIE: »Äh, ganz normal wäre okay.«

ER: »Du kleine feuchte Pussy, du.«

SIE: »…«

ER: »Darf ich dir auf die Titten spritzen?«

SIE: »Jup. Mach.«

ER: »Davon kannst du gar nicht genug kriegen, stimmt's?«

SIE: »Äh, kaum.«

ER: »Gut, dann komm ich jetzt … Oh ja, oh ja, OOHHH JAAAAA!«

SIE: »Huh.«

ER: »Boah, war das schön, mein Engelchen. Ich liebe dich so sehr.«

SIE: »Du bist echt eine Drecksau.«

ER: »Engelchen, wie redest du denn mit mir?! Also das geht jetzt aber ein bisschen zu weit.«

SIE: »…«

Tja, wir sehen: Hier steht ER total auf Dirty Talk, SIE hingegen sträubt sich (noch) oder weiß nicht so recht, was sie ihm sagen soll. Das heißt nicht, dass es ihr nicht gefällt – solange er es nicht übertreibt (Stichwort: Tiernamen). Deshalb hier ein kleiner Guide, damit ihr wisst, worauf ihr beim Dirty Talk am besten achten solltet:

No-go Nr. 1: Wenn du merkst, dass deinem Partner partout nichts Schmutziges einfällt, was er dir sagen könnte – außer vielleicht »Geschirr« –, dann hör auf, ihn darum zu bitten. Oder möchtest du, dass er sich prüde vorkommt?

No-go Nr. 2: Meide Formulierungen, die du aus Erotikstreifen (»Los, besorg's mir, Baby!«) oder Rapsongs (»Lutsch meinen Schwanz, Bitch!«) kennst. Sonst riskierst du, dass dein Partner einen Lachanfall bekommt.

No-go Nr. 3: Jungs, mal ganz ehrlich: Wie würde es euch gefallen, wenn wir euch während des Sex ins Ohr raunen würden: »Los, besorg's mir, du geiler Penis, du!«? Irgendwie wäre das komisch, oder? Deshalb möchten wir von euch auch nicht mit »Muschi« oder »Pussy« angeredet werden.

Insgesamt gibt es im Bett ja eigentlich gar nicht so viel zu erzählen. Deshalb hört man auch – egal mit wem und wo – immer wieder dieselben Phrasen, die einen je nach Verfassung (verknallt, betrunken, untervögelt) mal mehr oder mal weniger anmachen.

Wenn ihr mir nicht glaubt, könnt ihr euch ja gelegentlich das folgende *Bullshit-Bingo* für Dirty Talk über euer Bett hängen. Jedes Mal, wenn euer Partner beim Sex fünf dieser Formulierungen in einer Reihe geseufzt hat, dürft ihr »BINGO!« schreien:

Ich komme! Warte. Gleich. JEEETZT!	Was wird DAS denn bitte?!	Aber … heute ist doch mein Geburtstag!	Bitte, Schatz, nur ganz kurz.	F*** mich!
Ich glaube, ich liebe dich!	Uh! Ich halt's nicht mehr lange aus …	Fester!	Meinst du das ernst?!	Aua, nicht so doll.
Fuck, ich hasse Gummis.	Bist du vorhin eigentlich gekommen?	NICHT aufhören!	Ach, lass, das bringt heute eh nichts mehr.	Nö, ich will nicht nach oben.
Bist du bald so weit? Ich kann nicht mehr!	Los, komm endlich!	Du schuldest mir noch was.	Schneller!	Oh mein Gooott!
Wer zur Hölle ist Jaqueline?!	HALT! Falscher Eingang.	Egoist/ Faulpelz/ Langweiler	Boah, ist das geil!	Huch, wo ist denn das Kondom?!

Übrigens kommt es nicht so sehr auf die Inhalte an, sondern darauf, WIE man etwas sagt. Der Sexualforscher und Paartherapeut Ulrich Clement hat in einem Interview mit *ZEIT Online (Mai 2016)* gesagt, es mache einen großen Unterschied, ob jemand »Ich vögle dich« sagt oder »Ich vögle mit dir«. Im ersten Fall mache man den anderen zum Objekt, an dem man, zugespitzt formuliert, Handlungen vornehme. Die Präposition »mit« mache ihn zum Partner und betone das symmetrische Miteinander. Das mache erotisch einen erheblichen Unterschied.

Nun gibt es sicher viele Männer, die darauf stehen, wenn eine Frau sagt: »Los, fick mich!« Das tut frau ja fast automatisch, wenn das Vorspiel gut läuft und man es kaum noch erwarten kann, richtig loszulegen. Aus feministischer Sicht ist es aber nicht besonders schlau, es so zu formulieren. Das nächste Mal müsste man vielmehr sagen: »Los, lass uns ficken!« Mal sehen, ob's dem Partner auffällt.

Im *ZEIT*-Interview mit Ulrich Clement ging es außerdem um eine eigenwillige Unterform von Dirty Talk: der jeweils eigenen Geheimsprache, die manche Paare im Bett verwenden. Eine meiner Bekannten hat mir einmal erzählt, ihr Mann nenne ihr Geschlechtsteil »Sandwich« und sein eigenes »Würstchen«. Den Akt an sich bezeichnen die beiden als »Toasten«. Krank, aber wahr. Aber hey, andere nennen einander stattdessen »Pupsi«, »Schnulli« oder »Schweineöhrchen«. Insofern: Jeder so, wie er mag – solange es für (mehr) Orgasmen auf der Welt sorgt und uns damit alle zu glücklicheren Menschen macht.

Regel Nr. 1: Feministinnen sagen »Los, lass UNS ficken!« statt »Los, fick mich!«.

Regel Nr. 2: Pubertäre Phrasen, die man aus Pornoraps kennt, wirken albern und abtörnend. Tiernamen ebenfalls. Keine Frau möchte hören, dass sie eine »geile Stute« ist. Ebenfalls ungalant: Den Partner auf ein einzelnes Körperteil reduzieren und auch so anreden.

Regel Nr. 3: Du weißt nicht, was du sagen sollst? Dann versuche es mit detaillierten Beschreibungen. Was siehst du? Was willst du? Was fühlst du?

E wie Elf Dinge, die Männer endlich kapieren müssen

... um Frauen im Bett glücklich zu machen

Die Verschmelzung zweier Körper kommt einer wahren Naturgewalt gleich. Es sei denn, der Sex ist mies. Dann ist es eher eine Naturkatastrophe. Den Unterschied machen winzige Kleinigkeiten.

Leider vergessen manche Männer mit den Jahren die einfachsten Grundlagen. Um deren Erinnerung aufzufrischen, kommt hier eine kleine Checkliste (zum Rausreißen und Auswendiglernen) für die Herren der Schöpfung – basierend auf einer Umfrage unter Frauen zwischen 25 und 55 in meinem Bekanntenkreis:

1. *Hör auf, ständig Fragen zu stellen!* Es gibt bestimmte Fragen, die wir euch einfach nicht immer beantworten können oder wollen, etwa: »Und, bist du gekommen, Baby?« Hört endlich auf, uns damit zu nerven. Wenn wir einen Orgasmus hatten, werden wir euch das schon von selbst mit leuchtenden Augen mitteilen. Auch nervig: »Sag mir, wie du feucht wirst!« Ähm, also wenn du das nicht selbst weißt ... Oder: »Wie findest du meinen Penis?« (Ich würde ja sagen, er ist groß und hart. Aber

ganz ehrlich: Ich hab schon Bessere gesehen. Und nun ...?) Dann noch der Klassiker: »Verrate mir deine geheimste Phantasie!« Lieber nicht, Sweetheart. Das würdest du nicht verkraften.

2. *Das Vorspiel ist essentiell!* Schon mal probiert, beim Autofahren vom ersten Gang direkt in den fünften zu schalten? Das fühlt sich nicht gut an. So ähnlich läuft es auch im Bett. Ihr könnt nicht einfach von jetzt auf gleich in uns eindringen. Das tut uns weh! Also liebkost wenigstens kurz unsere Brustwarzen, die Schenkelinnenseiten, unseren Hals. Falls ihr nicht sicher seid, worauf Frauen beim Vorspiel stehen, klickt doch mal bei herself.com oder omgyes.com. Dort zeigen echte Frauen sehr anschaulich, wie sie am besten kommen. Inklusive App zum Runterladen, mit der du via Touchscreen üben kannst, verschiedene Mädels zum Orgasmus zu streicheln.

3. *Arbeite an deiner Kondition!* Es ist nicht sexy, wenn ein Mann keuchend über einem zusammenbricht, weil seine untrainierten Ärmchen nicht in der Lage sind, sein eigenes Gewicht zu tragen. Gebt lieber rechtzeitig ab, damit wir in der Reiterstellung übernehmen können.

4. *Gib ihr nicht das Gefühl, nur ein Betthase zu sein!* Schlimm, wenn ein Mann regelmäßig nach seinem Orgasmus einpennt – egal, ob die Frau schon auf ihre Kosten gekommen ist oder nicht. Keine Frage, ab und zu passiert uns das allen. Wer das allerdings ständig bringt, ist nicht nur egoistisch, sondern riskiert auch, dass seine Partnerin ihn für eine Niete im Bett hält. Sprich: Sie ist in seinen Augen kein Beziehungsmaterial.

5. *Kondome sind bei einem One-Night-Stand Pflicht!* So-lange noch kein ernsthaftes Gespräch über Verhütung geführt wurde, sind Kondome Pflicht! Merke: Wer von der Aussicht auf AIDS, einer Chlamydien-Infektion, Tripper oder Herpes genitalis nicht abgeschreckt wird, sondern versucht, seine Partnerin zu einer Nummer ohne Gummi zu überreden (oder es – noch schlimmer – heimlich mittendrin abstülpt), ist untenherum vermutlich bereits ähnlich kontaminiert wie eine öffentliche Telefonzelle in Neu-Delhi.

6. *Orgasmus? Ja, bitte! Aber nicht um jeden Preis.* Es ist gigantisch, wenn ihr es schafft, dass wir zum Höhepunkt kommen. Aber seid nicht zu versessen darauf, es uns zu besorgen. Irgendwann ist der Punkt erreicht, an dem es keinen Spaß mehr macht, wenn ihr wie wild an uns herumfummelt. Merke: Sex ist NICHT nur dann gut, wenn wir einen Orgasmus haben. Im Gegenteil: Laut der Wiener Sexualtherapeutin Elia Bragagna (*Fachblatt Gynäkologie und Geburtshilfe*) finden es 76 Prozent der Frauen total okay, wenn sie nicht jedes Mal zum Höhepunkt kommen. Hin und wieder ist das Ausbleiben unseres »Big O.« sogar ein Zeichen dafür, dass wir ZU erregt sind, um uns aufs Kommen zu konzentrieren. Etwa dann, wenn wir euch noch nicht so lange kennen. So etwas braucht Zeit und Vertrauen.

7. *Wir sind nicht aus Zucker!* Geht ruhig mal ein bisschen ruppiger mit uns um. Zieht uns leicht an den Haaren, gebt uns einen Klaps, presst uns leidenschaftlich gegen eine Hauswand und eure Lippen auf unsere, als gäbe es kein Morgen ... Wenn ihr allerdings unangekündigt

mit Peitsche oder Latexhose um die Ecke kommt, macht uns das eher Angst.

8. *Lest unsere schmutzigen Gedanken!* Wir haben mindestens genauso oft Lust auf Sex wie ihr. Nur manchmal trauen wir uns eben nicht, euch direkt zu zeigen, dass wir gerade geil sind, und senden euch stattdessen kleine Zeichen …

9. *Hört auf, uns Druck zu machen!* Wir müssen nicht mit euch schlafen, um euch zu beweisen, dass wir euch mögen. Wenn wir also mal keine Lust haben, mit euch zu schlafen, bedeutet das nicht, dass wir euch nicht begehrenswert finden oder gar ablehnen. Wir müssen euch nicht in uns lassen, um eine tiefe Verbindung zu euch aufzubauen.

10. *Das Schlafzimmer ist keine Turnhalle!* Es ist nicht nötig, dass du wie ein gedopter Athlet in Bestzeit alle möglichen Übungen absolvierst. Es genügt, wenn du dich uns mit voller Hingabe in einer einzigen Stellung widmest. Und dann aber richtig.

11. *Gib niemals auf!* Euer erstes Mal war eine Katastrophe? Beruhige dich. Manchmal dauert es Monate, bis sich zwei Menschen im Bett aufeinander eingegroovt und den Orgasmuscode des jeweils anderen entschlüsselt haben. Halte durch, es lohnt sich!

Extratipp: Bitte lächeln! Wer vögeln will, muss freundlich sein. Niemand hat Lust auf Sex mit einem Stinkstiefel!

F wie Fremdgehen per WhatsApp

Zählen versaute Chats mit dem Ex schon als Betrug?

Der Durchschnittsdeutsche hat 2,6 Expartner. Sie hat mehr. Einer von ihnen schreibt ihr regelmäßig versaute Nachrichten per WhatsApp, hat also noch sexuelles Interesse an ihr. Was nichts Ungewöhnliches ist. Sie kennt haufenweise Leute, die regelmäßig (aus Mangel an Alternativen) mit ihren Expartnern in der Kiste landen.

Besonders sinnvoll ist das nicht. Man bringt zu viel emotionalen Ballast mit auf die Matratze, der später zu einem Gefühlskater führt, findet sie. Allerdings fällt es auch verdammt schwer zu widerstehen, wenn man gerade allein und total untervögelt daheimsitzt und dann solche Nachrichten zugeschickt bekommt. So wie sie gerade:

EX *(um 18.51):* »*Was machst du gerade? Können wir uns sehen? Melde dich mal!!*«
Pfff, der kann mich mal.
SIE *(um 19.22):* »*Keine Zeit.*«
EX *(um 19.32):* »*Echt nicht? Ich wüsste ganz genau, was ich mit dir machen würde, wenn du jetzt bei mir wärst.*«

Huch, der geht ja ran.

SIE *(um 19.38): »Wäre das denn jugendfrei?«*

EX *(um 19.39): »Wohl kaum. Ich würde es gerne mit dir auf meinem Küchentisch treiben. So wie früher ...«*

SIE *(um 19.40): »Tatsächlich. Und ... wie würde das genau ablaufen?«*

EX *(um 19.42): »Ich würde dich an den Hüften packen und auf den Tisch heben. Dann würde ich ganz langsam deine Schenkel auseinanderschieben und mit meinem Kopf zwischen deinen Beinen versinken ... und dich lecken, bis du kommst. Dann würde ich dich umdrehen, dir einen Klaps auf deinen hübschen Hintern geben und dich genüsslich von hinten nehmen. So, wie du es liebst, mein Schatz.«*

Oh mein Gott! NICHTS LIEBER ALS DAS! Dieser Typ wusste echt noch ganz genau, was sie anmachte. Aber halt, nein, stopp! Sie hatte einen neuen Freund, mit dem sie ebenfalls hammermäßigen Sex hatte.

SIE *(um 19.44): »Wow, das ist mir jetzt irgendwie alles zu krass gerade.«*

SIE *(um 19.45): »Und wie du vielleicht weißt, habe ich einen Freund.«*

EX *(um 19.47): »Der Trottel interessiert mich nicht. Also los, komm jetzt einfach her zu mir, und wir treiben es wie damals. Die ganze Nacht. Du brauchst gar nichts zu machen, mein Schatz. Lass mich einfach nur deine Haut auf meiner spüren, dich küssen, fühlen, riechen ... Niemand wird je davon erfahren.«*

Der hatte Nerven.

SIE *(um 19.52): »Nee, ich schlaf schon. Gute Nacht!«*

So ein Mist! Und wer nahm sie jetzt ganz langsam und genüsslich auf einem Küchentisch? Kein Schwein. Ihr Freund war nämlich meilenweit entfernt. Bei einem Auftritt seiner Band. Na ja. Wenigstens blieb ihr noch ihre Phantasie. Doch als sie anfing, sich ihr hinzugeben, wurde sie noch frustrierter und beschloss, ihren Freund (der für die Befriedigung ihrer stetig wachsenden sexuellen Begierden ja eigentlich zuständig war) etwas Zweideutiges zu whatsappen. Obwohl sie in Sachen »Sexting« echt nicht gut war.

SIE *(um 20.04): »Was machst du gerade? Habe eben geduscht … und fast nichts an.«*

Da war alles drin; sie konnte aber auch immer noch zurückrudern, falls er gerade keine Zeit oder Lust auf »Sexting« mit ihr hatte.

ER *(um 20.12): »Oha!«*

SIE *(um 20.12): »Was würdest du gerne tun, wenn du jetzt bei mir wärst?«*

ER *(um 20.14): »Was essen! 'nen geilen Burger oder so.«*

ER *(um 20.15): »Babe, warte mal. Machen gerade Soundcheck. Schreib dir nachher wieder, ja? Lieb dich!«*

Aargh! Als Nächstes besaß er dann noch die Dreistigkeit, ihr ein Foto von sich mit seinen Bandkollegen in irgendeinem Club in Berlin zu schicken. Im Hintergrund saßen ein paar Weiber.

SIE *(um 20.17): »Wer sind die Schlampen?«*

ER *(um 20.18): »Die legen nach uns auf. Sind echt cool. Würde dir gefallen.«*

Ha! Dass sie nicht lachte. Das sah sie denen doch schon an der Nasenspitze an, dass sie es auf ihren tollen Freund …

SIE *(um 20.18): »Aha. Okay, dann noch viel Spaß. Skypen wir morgen?«*

ER *(um 20.20): »Klaro. Kuss!«*

Mist! Besser, sie ging mal 'ne Runde joggen. Sie wollte ja schließlich morgen schön straff rüberkommen auf dem Bildschirm.

Regel Nr. 1: Es ist völlig legitim, einen (nicht ohne Grund) abgelegten Expartner als Ego-Booster zu »missbrauchen«, wenn er es darauf anlegt. Solange es bei sexy Chats bleibt.

Regel Nr. 2: Echter Sex ist tabu! Das wäre erbärmlich. So wie Hochzeitstorte einfrieren und zur Silberhochzeit wieder auftauen und essen.

Regel Nr. 3: Sichere dein Smartphone mit einer PIN ab. Dein Partner würde dir niemals glauben, dass es nur »Sexting« war. Noch besser: Kompromittierende Chatverläufe löschen.

F wie FUCK –
wie peinlich ist DAS denn?!

Erste-Hilfe-Tipps bei Sexpannen

Wenn zwei Menschen »intim« miteinander werden, passieren mitunter die merkwürdigsten Dinge, auf die einen keine Biologielehrerin und kein Porno dieser Welt vorbereiten: Das Bett bricht zusammen; sein Schwanz wird nicht steif; beim Stellungswechsel renkt sich einer die Schulter aus; der Schlüssel für die Handschellen geht verloren; sie pennt versehentlich beim Oralsex ein ...

Das ist nicht weiter schlimm – weil ECHTER Sex eben auch schon mal schmerzhaft, peinlich oder richtig mies sein kann. Ich habe hier die Klassiker aller Missgeschicke, peinlichen Situationen und Dinge, über die keiner gerne redet, zusammengefasst – zum Lesen und Lernen.

1. Er möchte gerne auf deinen Brüsten kommen – und spritzt dir dabei versehentlich ins Auge. Aua, das brennt, Leute! Noch blöder: Seine Ladung landet in deinen (frisch gewaschenen) Haaren, und du hast hinterher noch einen Termin ...

2. Nach dem Sex geht das Geraffel los: Wer muss heute Nacht auf der Bettseite mit dem nassen Fleck oder

(Achtung, unbequem!) auf einem untergelegten Gästehandtuch pennen?

3. Ihr wollt die Stellung wechseln, ohne euch zu trennen, was mal wieder nicht klappt. Stattdessen verrenkt sich einer von euch das Knie, unterdrückt aus Gründen der Selbstachtung den Schmerz bis nach dem Akt oder tarnt ihn als Lustschrei (Jaaa-ohhh-ahhh-auuuaaa!).

4. Wenn man sich wirklich liebt und friert, ist es okay, die Socken beim Sex anzulassen. Das sieht zwar richtig beschissen aus, aber am Ende achtet man im entscheidenden Moment eh nicht mehr drauf.

5. Wenn Erwachsene geil sind, tun sie es auch miteinander, wenn die Frau ihre Tage hat. Erwähnen sollte man diesen Umstand als Frau aber schon. Manche Männer kriegen sonst hinterher einen Heidenschreck, weil sie denken, sie hätten ihrer Partnerin schwerste innere Verletzungen zugefügt …

6. Er ist total scharf auf dich und will dich SOFORT von hinten nehmen. Dir aber wäre eine kurze »Aufwärmrunde« in der Missionarsstellung lieber. Du faselst also herum, ob ihr nicht lieber erst mal langsam … – aber er hat sich den pornösen Auftakt eures Liebesspiels längst in den Kopf gesetzt. Du weißt genau: Jetzt tut's gleich mal kurz ganz schön weh. Ihm zuliebe kann man dieses Opfer jedoch hin und wieder bringen – oder aber Gleitgel verwenden.

7. Er/Sie bugsiert dich sanft in Stellung X, denkst du. Aber eigentlich meinte er/sie Stellung Y. Folglich fallen Satzfetzen wie »Hä? Wie meinst du jetzt?« und »Ach so! Oder wie? ACH SO!« und »Ja, WIE denn nun?«

und »Nee, so doch nicht!«. Macht alles nichts, weil ihr total geil aufeinander seid.

8. Beim spontanen Fummeln fällt dir ein, dass a) du dir seit anderthalb Wochen deinen Intimbereich nicht rasiert hast; b) noch ein Tampon den Zugang zu deinem Allerheiligsten verstopft; c) du erst vor 45 Minuten selbst Hand angelegt hast (huch!) und deshalb vermutlich nicht schon wieder kommen kannst (wenn du das gewusst hättest ...). In allen drei Fällen hilft nur eins: Cool bleiben, Zeit schinden und im Fall von a) und b) »mal kurz« im Bad verschwinden.

9. Auch peinlich: Muschipupse. Wir alle kennen sie, doch keiner redet darüber. Alle hoffen einfach nur, dass die blöde überschüssige Luft in ein paar Stößen entwichen ist.

10. Ihr lasst euch am Sonntagabend nach dem *Tatort* noch zu einer kleinen Nummer hinreißen. Dabei denkst du die ganze Zeit daran, was in der kommenden Woche alles zu tun ist: Steuererklärung einreichen, neuen Reisepass beantragen, zur Zahnreinigung gehen, Kaffeemaschine entkalken, das Rudergerät bei eBay Kleinanzeigen reinstellen ...
Was daran peinlich ist? Dass du dich durch deine öden Gedanken selbst abtörnst und damit die Chance auf einen tollen Orgasmus verschenkst, der dich mit positiver Energie für die Bewältigung all dieser nervigen Tätigkeiten versorgt hätte.

11. Ihr liegt auf dem Sofa und schaut zusammen eure Lieblingsserie auf Netflix, als dir auffällt: »Hoppla, wir hatten ja schon seit zwei Wochen keinen Sex mehr miteinander.« Dann gähnst du, kuschelst dich an ihn

und denkst: »Pfff, mir doch scheißegal.« Solange ihr euch in dieser Hinsicht einig seid, ist das voll okay. Die Hauptsache ist, DASS ihr es immer mal wieder tut – und dass es dann gut ist.

12. Du hast zum Fummeln die Zufallswiedergabe deiner Spotify-Playlist »ALLES« aktiviert, und plötzlich dröhnt *Barbie Girl* von Aqua aus den Boxen oder, noch schlimmer, eine Folge *Bibi Blocksberg*, die du immer noch heimlich zum Einschlafen hörst. Und – *schwups* – wird aus seiner hübschen Riesenzucchini wieder eine Minimöhre ...

All das passiert früher oder später, wenn *echte* Menschen, die *echte* Lust aufeinander haben, miteinander schlafen.

Regel Nr. 1: Akzeptiere, dass derselbe Körper, der dir die wunderbarsten Orgasmen schenkt, gelegentlich merkwürdige Geräusche, Flüssigkeiten oder Gerüche absondert.

Regel Nr. 2: Vermeide Kommentare wie »Ups!«, »Och, nööö!« oder »Igitt!«. Im Fall der Fälle gilt: Cool bleiben und weitermachen. Fast jede Peinlichkeit lässt sich durch einen leidenschaftlichen Kuss fix aus dem Gedächtnis streichen.

Regel Nr. 3: Pannen beim Sex schweißen zusammen.

G wie Gemeinsam kommen

Stress pur!

Sie ist gleich so weit. Das Gefühl, wie er von hinten in sie hineinstößt, ist einfach göttlich. Und sie liebt ihn so sehr – das macht's noch um drei Stufen erregender. Die armen Nachbarn. So laut hat sie noch nie beim Sex geschrien. »Oh Gott! Oh Gott! Oh Gott! JAAAAAAAAA!«

Gleich hebt sie ab. Ihm scheint's auch gut zu gefallen. Er feuert sie mit schmutzigen Wörtern an – Wahnsinn!

»Komm, Baby, lass uns jetzt zusammen kommen, ja?«, bricht es spontan aus ihr heraus. Sie ist nämlich fast so weit, und so, wie er sich anhört, dauert's bei ihm auch nicht mehr lange. Das ist doch einen Versuch wert, oder?

Ha, von wegen! Seine Bewegungen werden plötzlich langsamer, er schnauft. Was ist denn nun kaputt? Weitermachen, und zwar sofort!

Er schnauft erneut und sagt: »Hör mal, ich kann jetzt nicht mit dir zusammen kommen. Das stresst mich total!«

Hoppala, das hat sie so auch noch nicht gehört. Interessant.

»Gut, okay, war ja auch nur eine spontane Idee von mir«, gibt sie zurück und versucht dabei krampfhaft, den Rhythmus beizubehalten.

Aber er ist leider noch nicht fertig mit seinen Ausführungen. Das Ganze scheint ihm wichtig zu sein. »Hör mal, es ist für mich echt schon schwer genug, mich darauf zu konzentrieren, nicht ZU FRÜH zu kommen.« Erschöpft wischt er sich mit dem Arm über die schweißnasse Stirn und lässt nun ganz von ihr ab. NEEEEIIIIN!

Sie dreht sich zu ihm um und greift geistesgegenwärtig zwischen seine Beine, um seinen Schwanz bei Laune zu halten. Ihr ist es nämlich eigentlich völlig egal, ob sie nun vor, nach, mit ihm oder gar nicht kommt – Hauptsache, sie liegt in seinen Armen und ist eins mit ihm.

Das sagt sie ihm jetzt auch genau so und beugt sich währenddessen nach vorne, um seine Eichel mit ihrer Zunge zu kitzeln. »Weißt du was?«, schlägt sie kurz darauf vor. »Du kommst jetzt erst mal so richtig schön allein, ja?«

So geschieht es dann auch – knappe zwanzig Sekunden später. Danach ist sie an der Reihe und findet es herrlich, sich nur noch auf ihre Lust zu konzentrieren. Ein weiterer Vorteil ist natürlich, dass ihr Liebster währenddessen seine Kräfte für die zweite Runde mobilisieren kann. Vielleicht kommen sie ja später ganz zufällig doch noch gemeinsam.

Regel Nr. 1: Zusammen kommen? Total überbewertet! Ich empfehle: Immer schön der Reihe nach, aber dafür dann RICHTIG.

Regel Nr. 2: In Filmen wie *Fifty Shades of Grey* kommt die gänzlich unerfahrene, jungfräuliche Protagonistin gleich bei der ersten Vereinigung ZUSAMMEN mit ihrem peitschenschwingenden Lover. Unrealistischer geht's nicht! Trotzdem denken viel zu viele Zuschauer, es sei normal, was in solchen Streifen gezeigt wird, und bewerten ihr eigenes Sexleben dementsprechend schlechter. Tut das nicht!

Regel Nr. 3: Wenn schon zusammen kommen, dann durch Zufall. Das gemeinsame Erreichen eines Höhepunktes sollte niemals zur Pflichtübung werden.

H wie Hangover

Verkatert, aber geil

Einstiegsfrage: Wieso hat man eigentlich immer so große Lust auf Sex, wenn man verkatert ist? Hä?

Sonntagnachmittag. Sie blinzelt mit einem Auge in Richtung Nachttisch, angelt zweimal vergeblich nach ihrem Handy. Es fällt zu Boden. *Rums!* Aua, was für ein Krach. Sie wendet all ihre Kraft auf und streckt ihren Arm aus nach dem blöden Ding. Dabei wird ihr wahnsinnig übel. Sie sieht kleine bunte Blitze und kippt versehentlich ein Wasserglas um. Egal, kann sie sich jetzt nicht drum kümmern. Erst mal die Fakten checken: Das verschmierte Display ihres Telefons sagt ihr, dass es 13.26 Uhr ist. Sie hält das Telefon zum Test noch mal etwas weiter von ihrem Gesicht weg. Oh Gott – was ist das denn? Sie kann … sehen! Mist! Das bedeutet, dass sie gestern mit ihren Kontaktlinsen eingepennt ist und ihre Augen nun vermutlich rot, verquollen und von Eiter verklebt sind. Toll. Huch, da blinkt eine Nachricht auf dem Display auf: »Wo zur Hölle bist du? Du hast noch meine Jacke an – in der Tasche sind mein Geld und mein Haustürschlüssel!« Absender: Unbekannt bzw. sie kennt keinen »Hinnerk«. Sollte sie etwa …?!

Sie öffnet ganz langsam und vorsichtig ihr zweites Auge. Grelles Sonnenlicht dringt durch den kleinen Spalt zwischen ihren Vorhängen ins Schlafzimmer. Sie hat noch dieselben Klamotten wie gestern an und riecht wie eine verqualmte Hafenkaschemme. Widerwärtig! Auf ihrer Zunge liegt der Geschmack von Wodka, Red Bull, Kippen und fremdem Menschen. Haaa! Ist dieser Hinnerk möglicherweise irgendwo hier – bei ihr? Ängstlich tastet sie hinter sich. Nichts. Auch vor und unter ihr ist nichts und niemand. Gut.

Wasser! Sie braucht Wasser. Aber das ist gerade in ihrem Teppich versickert. Sie steht ächzend auf, schleppt sich mit Müh und Not ins Badezimmer und hängt sich unter den Hahn. Dabei verschluckt sie sich, muss husten und erst mal auf dem Rand ihrer Badewanne Platz nehmen.

WARUM? Warum nur weiß sie nie, wann Schluss ist? Ihr Kopf hämmert, der Magen rebelliert. Alkoholvergiftung auf der ganzen Linie. In ihr schlummert offenbar unterbewusst die Angst, mit zunehmendem Alter etwas zu verpassen – deshalb zieht sie in letzter Zeit bei jeder sich bietenden Gelegenheit um die Häuser. Das ergibt aber keinen Sinn, weil man ja in einem Club auch nicht mehr erlebt als andernorts – eher weniger. Alles, was am nächsten Tag davon bleibt, ist ein Kater von hier bis nach Meppen, der mit den Jahren immer schlimmer wird.

Sie torkelt zurück ins Bett. Augen zu, einkuscheln, versuchen, den Abend zu rekonstruieren. Tja, und dann? Kommt das WIRKLICH Furchtbare an diesem menschenunwürdigen Zustand des Verkatertseins: Wie eine wabernde Nebelschicht, die langsam über die Elbe zieht, ergreift eine starke, nahezu unerträgliche, alles dominierende postalkoholische Geilheit Besitz von ihr. Das hat sie schon häufig erlebt und weiß aufgrund einer nicht repräsentativen Umfrage in ihrem Bekanntenkreis, dass es offenbar nicht nur ihr so geht: Alkohol – egal, ob frisch am Tresen konsumiert oder bereits in Form eines quälenden *Hangovers* – macht Lust auf Sex.

Wissenschaftler bestätigen sogar, dass man sich am Morgen nach einer wilden Partynacht noch immer in einer Art Rauschzustand befindet und deshalb genauso verrückt und ausgelassen ist wie in der Nacht zuvor. Hinzu kommt, dass das älteste und zuverlässigste Heilmittel gegen Wehwehchen aller Art immer noch der gute alte Orgasmus ist. Weiß ja jeder: Sex sorgt dafür, dass wir uns für einen kurzen Moment wieder wohl in unserem geschundenen Körper fühlen. Hinzu käme laut besagten Wissenschaftlern die Tatsache, dass viele nach einer Partynacht bestimmte Erlebnisse mental zu verarbeiten hätten, was ihre sexuelle Begierde erst so richtig anheizen würde: eine anregende Beobachtung, ein Tanz, eine Fummelei vor der Haustür …

Und so ein Kater hat noch weitere positive Auswirkungen auf unser Sexleben: Paare, die wochentags beruflich sehr eingespannt sind, haben durch den Umstand, einen ganzen Tag lang gemeinsam »ans Bett gefesselt« zu sein, endlich mal Luft für Lust.

Alleinstehende Trunkenbolde trifft es härter. Ihnen hilft keiner bei der »Bekämpfung« ihrer Katergeilheit – höchstens der bewährte Handbetrieb. Wobei wohl auch Paaren mit besonders schlimmen Katern kaum mehr übrigbleibt, als sich gegenseitig einen Handjob zu verpassen, denn allzu wilde »sportliche Betätigungen« sind mit instabilem Kreislauf sowie mit Kopf- und Magenschmerzen nur unter Qualen möglich.

Ihrem Kreislauf geht es gerade so lala. Aber wenigstens weiß sie nun wieder, wer Hinnerk ist und wie sexy der zumindest gestern Nacht noch war: schulterlanges braunes Haar, blaue, alles durchdringende Augen, volle Lippen ... Also simst sie ihm direkt mal:

»Hallo, ich bin's. Willst du bei mir vorbeikommen? Jacke abholen und so?«

»Gib mir deine Adresse. Komme sofort. Hauptsächlich wegen dem UND SO.«

»...«

»...«

Regel Nr. 1: Orgasmen helfen zuverlässig gegen Wehwehchen aller Art.

Regel Nr. 2: Ruhig mal öfter einen über den Durst trinken und die »Bekämpfung« der anschließenden Qualen gemeinsam genießen.

Regel Nr. 3: Die beste Sexposition für geschundene Körper ist die Löffelchenstellung (geringer Bewegungsaufwand).

I wie Identitätskrise

Wer bin ich – und wenn ja, wie verrückt?

Identitätskrise, die erste

Ein Bekannter von mir hatte viele Jahre lang eine Beziehung mit einer Frau. Irgendwann kam heraus, dass er zeitgleich eine Affäre mit einer anderen begonnen hatte. Offenbar war es Liebe, denn kurz darauf trennte er sich von seiner Freundin und zog bei der anderen ein. Es folgten gemeinsame Urlaube, ein gemeinsames Haustier und gemeinsame Besuche von Familienfeiern. Sogar Kinderpläne wurden geschmiedet.

Die Idylle hielt allerdings nicht lange. Nach einem halben Jahr fing es an, zwischen den beiden zu kriseln. Sie warf ihm vor, er kümmere sich nicht ausreichend um sie, sei viel zu häufig unterwegs. Irgendwann postete mein Bekannter dann plötzlich ein Foto bei Instagram, das ihn zusammen mit seiner Exfreundin zeigte. An einem Strand. Mit aktuellem Datum. Und alle, die das sahen, dachten wohl: WTF …?!

Jemand aus unserem Bekanntenkreis kommentierte aufgeregt: »Seid ihr etwa wieder zusammen?« Tja, von wegen – kurz darauf kam heraus, dass mein Bekannter sich nie von seiner angeblichen Exfreundin – also der Frau auf dem Foto – getrennt hatte, die beiden in der Zwischenzeit sogar GEHEIRATET hatten und sie zu allem Überfluss im vierten Monat schwanger von ihm war. Niemand aus seinem engen Umfeld hatte davon gewusst – ein Doppelleben par excellence, das er nun offenbar via Instagram auf schmerzlichste Weise beenden wollte.

Als seine vermeintlich aktuelle Freundin das Foto sah, kaufte sie noch am selben Tag zehn Kilo Hackfleisch, ließ es eine Woche in der prallen Sonne anfaulen und verteilte es, als die Zeit reif war, in einer Nacht-und-Nebel-Aktion auf der Kühlerhaube seines geliebten Porsche Cayenne. Den Rest stopfte sie in seinen Briefkasten und verteilte es zusammen mit reichlich Ketchup und Mayonnaise in seinem Pool. Rache genießt man eben am besten ... roh.

Identitätskrise, die zweite

Eine Freundin, die als Fitnesstrainerin arbeitet, hatte sich im vergangenen Sommer in einen Kollegen aus ihrem Studio verliebt. Die beiden waren bereits vier Monate ein Paar, als sie herausfand, dass der Typ schon seit einer ganzen Weile mit sechs weiteren Angestellten dieses Fitnessstudios zusammen war. Die Frauen kannten sich sogar alle untereinander, merkten aber erst viel zu spät, was für ein geisteskrankes Spiel dieser Mann mit ihnen gespielt hatte. Gemeinsam erwirkten diese Frauen, dass er gefeuert wurde. Für ihn – offenbar ein Organisationsgenie – war dies das Beste, was ihm passieren konnte. Denn nun hatte er immerhin die Chance, noch einmal ganz von vorne zu beginnen. In dem Fitnessstudio, in dem er jetzt tätig ist, soll er bislang »erst« mit zwei Frauen gleichzeitig liiert sein, wie mir zu Ohren kam. Er befindet sich also auf dem Weg der Besserung.

Identitätskrise, die dritte

Eine Bekannte beichtete mir kürzlich diese Story: Ich war mit meinem Verlobten auf einer Safari in Kenia. Er musste leider früher zurück – Stress im Job. Ich blieb noch ein paar Tage und landete mit einem Einheimischen im Bett. Kurz darauf stellte ich fest, dass ich schwanger war, und neun Monate später wusste ich dann auch, von wem – der Teint meines Kindes sprach Bände.

Mein Freund rastete komplett aus und glaubte keine meiner Ausreden. Seitdem bin ich alleinerziehend. Aber ich denke, ich bin dennoch eine gute Mutter. Seit mein Sohn auf der Welt ist, date ich nur noch dunkelhäutige Männer – damit mein Baby keine Identitätskrise bekommt ...

Regel Nr. 1: Es gibt erstaunlich viele Leute, die in Liebesdingen ein Doppelleben führen und sogar mehrere Identitäten pflegen, weil ihr Narzissmus danach verlangt, von mehreren Menschen gleichzeitig geliebt und begehrt zu werden.
Regel Nr. 2: Rechne stets mit ALLEM.
Regel Nr. 3: Ein DNA-Test lohnt sich immer, Jungs.

J wie Jemanden warmhalten

*Wie weit darfst du dabei gehen, ohne ein A**** zu sein?*

Kürzlich war in der Zeitung zu lesen, dass der berühmt-berüchtigte mexikanische Drogenboss El Chapo verhaftet wurde. Schuld war ausgerechnet die Frau, die er abgöttisch liebte: ein TV-Sternchen namens Kate del Castillo. Auf seiner Flucht vor der Polizei (mexikanische Drogenbosse sind ja ständig auf der Flucht vor der Polizei) hatte er Castillo mit zahlreichen schwülstigen Liebesbotschaften per SMS überhäuft. Mehr als SMS-Verkehr war zwischen den beiden allerdings nie gelaufen. El Chapo hatte wohl dennoch angenommen, dass sie seine Gefühle erwidere. In einer seiner letzten SMS schrieb El Chapo seiner Angebeteten etwa, er wolle sie besser hüten als seine eigenen Augen. Sogar seine Mutter sollte sie kennenlernen. Und zu Castillos Geburtstag schrieb der gefürchtete Mafiosi: »Happy Birthday von jemandem, der Zuneigung für dich empfindet und dich liebt.« Die Soap-Darstellerin antwortete: »Danke! Wir werden uns bald umarmen.«

Sie war es schließlich, die vorschlug, El Chapo für ein Interview mit dem Hollywoodstar Sean Penn für den *Rolling Stone* zusammenzubringen. El Chapo war Feuer und Flamme, weil er hoffte, Sean Penn werde einen Kinofilm über sein Leben drehen, und stimmte einem Treffen zu. Die Aussicht, seine Angebetete zu beeindrucken, hatte ihn unvorsichtig werden lassen.

So war es nur eine Frage der Zeit, bis die Polizei ihn durch die Kontaktaufnahme mit Sean Penn schnappte. Als die Beamten sein Versteck stürmten, fanden sie dort zahlreiche DVDs der Telenovela *La Reina del Sur* mit Kate del Castillo in der Hauptrolle. Sie war sein Lebensinhalt, seine Göttin gewesen.

Jetzt sitzt El Chapo im Knast – und SIE streitet ab, jemals eine Beziehung zu ihm gehabt zu haben. Ist das nicht gemein?

Zugegeben, rein optisch ist El Chapo nicht ganz Castillos Kaliber. Er: ein gedrungener kleiner Mann mit Schnauzer, Doppelkinn und Plauze. Sie: eine Schönheit vom Schlag einer Eva Longoria (allerdings mit weitaus weniger Talent). Was wollte sie also von ihm? Klar, er hatte Macht, Geld, war ein gefährlicher Mann, ein weltweit gesuchter Drogenbaron. Das törnt manche Frauen eben an. Aber darüber hinaus? Na ja …

Ich gehe deshalb stark davon aus, dass das Hin-und-her-Gesimse der mäßig erfolgreichen Kate del Castillo vor allem als Ego-Booster diente. Das macht sie – von außen betrachtet – zu einer ziemlich gemeinen, armseligen Bitch.

Doch nun stellt sich die alles entscheidende Frage: Kann man ihr das wirklich zum Vorwurf machen? Sicherlich offenbart ihre Tat einen nicht sonderlich reinen Charakter. Aber mal ehrlich, hat nicht fast jede Frau ihren ganz persönlichen »El Chapo«? Also einen Mann, von dem sie genau weiß, dass er sofort alles stehen und liegen ließe, wenn sie in einer schwachen Minute mit den Fingern schnipsen und sagen würde: »Okay, Baby, lass es uns versuchen!« Mit dem sie in Wahrheit aber niemals eine ernsthafte Beziehung eingehen würde, weil er ihr entweder zu unattraktiv, zu trottelig oder schlichtweg zu ergeben ist? Auf El Chapo treffen alle diese Ausschlusskriterien zu.

Schon klar, eine Frau von Format hat es nicht nötig, sich jemanden warmzuhalten, der sie eigentlich nicht interessiert. Aber manchmal tut es eben gut, sich in der grenzenlosen Bewunderung eines Verehrers zu sonnen. Solange ein Flirt auf einer unschuldigen, spielerischen Ebene bleibt, ist das total in Ordnung. Sollte frau jedoch merken, dass sich ihr Verehrer ernsthaft in sie verliebt hat, sollte sie den Kontakt lieber abbrechen. Oder aber sie entscheidet sich für ihren Fan Nr. 1! Immerhin kann sie sich bei ihm sicher sein, dass er sie stets wie eine Königin behandeln wird. Und mehr wollen die meisten doch gar nicht.

Regel Nr. 1: Dein Liebesleben weist erstaunliche Parallelen zu dem von El Chapo auf? Dann nimm all deinen Mut zusammen und mach deiner Angebeteten endlich eine Ansage (ehe sie den Respekt vor dir verliert): »Lass mich dich glücklich machen – oder scher dich zum Teufel, Liebling!« Und sei dann um Himmels willen auch konsequent.

Regel Nr. 2: Sich in der Bewunderung eines Verehrers zu sonnen gehört zu den schönen Seiten des Frauseins. Das wissen wir spätestens seit Marilyn Monroe. Die Kunst ist, rechtzeitig den Absprung zu schaffen, ehe Herzen gebrochen werden.

Regel Nr. 3: Dauerhaft solltest du dein Ego nicht mit Hilfe eines Bewunderers pushen. Konzentrier dich lieber auf die Menschen, die dich wirklich berühren.

K wie Kollegen

Dein Arbeitsplatz
ist der beste Ort für Sex

Sex mit Kollegen gilt als verpönt. Never fuck the company, heißt es – man müsse Berufliches von Privatem trennen. Nur die Kultserie *Mad Men* sagt etwas anderes: Das Büro ist der ideale Ort für sexuelle Begegnungen; immerhin verbringt man dort den Großteil seiner Zeit.

Ich sehe das genauso. Wenn es nicht mindestens vier Kollegen gibt, mit denen man sich Sex zumindest vorstellen kann, ist man nicht im richtigen Job. Dann sollte man die Firma wechseln. Wo sollen wir denn sonst Sex haben, wenn nicht dort, wo wir uns mindestens vierzig Stunden pro Woche aufhalten? Zumal wir unsere Feierabende ja ohnehin meist völlig erledigt auf unseren Sofas zubringen, Netflix gucken und Chips in uns reinschaufeln, statt unseren »ehelichen Verpflichtungen« nachzukommen. Aber zwischen »9 till 5« brodelt oft noch tonnenweise (sexuelle) Energie in uns. Leider geht die in der Regel für so bescheuertes Zeug wie Konferenzen, Akten ordnen, Tresen putzen, Rundmails schreiben oder heimlich Facebook checken drauf. Welch eine Verschwendung!

Also: Gönn dir zwischendurch ruhig mal ein Nümmerchen in deinem Arbeitsumfeld. Schauspieler wissen, was ich meine: Die vergnügen sich seit jeher fast ausschließlich mit ihresgleichen. Ich kenne aber auch viele »Normalos«, die sich am Arbeitsplatz einem Kollegen bzw. einer Kollegin hingegeben haben. Der Vorteil: Gut gebumst geht einem die Arbeit gleich viel einfacher von der Hand.

Falls kein attraktiver Kollege verfügbar ist, kann man sich natürlich auch mit dem Geliebten in der Mittagspause auf dem Klo bei Starbucks verabreden. Die Kabinen dort sind oft sehr gut isoliert, zudem liegen die WCs meist im Keller und sind nur per Zifferncode, den man nach dem Kauf eines Getränks erhält, zugänglich. Man ist dort also relativ ungestört.

Laut einer repräsentativen Studie hatte allerdings nur jeder zehnte Deutsche schon mal Sex am Arbeitsplatz, obwohl sich 80 Prozent regelmäßig erotische Phantasien mit einem Kollegen ausmalen. In der Realität haben die meisten Leute lediglich an Samstagen Sex – als habe man montags oder mittwochs keine Lust auf Sex! Ich sage deshalb: Zieht los und entweiht eure Büros, Fahrstühle, Kopierräume, Lagerräume und Tiefgaragen!

Etwas kompliziert wird es allerdings, wenn ihr euch ausgerechnet in eure/n Vorgesetzte/n verknallt. Das ist der Klassiker unter den Büroliebschaften. Dafür braucht man Nerven wie Drahtseile.

Eine Bekannte ist bereits seit anderthalb Jahren die heimliche Geliebte ihres Chefs. Ich habe sie deshalb gebeten, einen »How to fuck your boss«-Guide zu verfassen – für alle, die sich in einer ähnlichen Lage befinden. Hier ist er:

1. Vergiss alle Regeln

Regeln sind etwas für Leute, die sich in »den Richtigen« verlieben. Einen, der nach dem ersten Date anruft, sich für den schönen Abend bedankt und den du zwei Monate später deiner Familie vorstellen kannst. So etwas wirst du mit deinem Chef NIE erleben. Also vergiss alle »So sollte es ablaufen«-Listen in deinem Kopf und gib dich mit Haut und Haaren diesem einen Mann hin – in der Hoffnung, dass er sich vielleicht doch eines Tages in dich verliebt und seine Frau verlässt.

2. Traue niemandem

Die Lieblingskollegin fragt nach dem dritten Glas Wein, was an den Gerüchten dran ist. Du hattest einen miesen Tag und sehnst dich danach, endlich jemanden in dein kleines schmutziges Geheimnis einzuweihen? TU – ES – NICHT! Du wirst es bereuen. Deine Lieblingskollegin kann auf das Leben ihrer Mutter schwören, die Klappe zu halten – am Ende wird sie es doch weitererzählen, weil dein Geheimnis einfach ZU heiß ist. Und selbst wenn sie schweigt, hättest du eine Mitwisserin und wärst erpressbar.

3. Sei allzeit bereit

In Birkenstocks und Schlabbershirt ins Büro schleichen? Bloß nicht. Denn der Mann deiner schlaflosen Nächte kann dir hier jederzeit über den Weg laufen. Rege also seine Phantasie an, etwa mit leicht durchsichtigen Blusen, Overknee-Stiefeln und kurzen Kleidern. Dass die Beine stets perfekt rasiert sein sollten und du für den Fall der Fälle scharfe Dessous tragen musst, versteht sich von selbst – denn es ist ja immer damit zu rechnen, dass ER dich in der Mittagspause in sein Büro zitiert ...

5. Leidenschaft 3.0

Sexy SMS, heiße Videos, Fotos von dir in Unterwäsche: Das alles wird der Chef von dir verlangen – damit er etwas hat, um sich aufzugeilen, während er auf einer öden Tagung sitzt, mit seiner Ehefrau bruncht oder an einer langweiligen Konferenz teilnimmt. Schick ihm, was er will. Was du davon hast? Das Wissen, dass dieser Mann bei allem, was er tut, nur an dich denkt.

6. Ratschläge sind Schläge

Deine Freunde und deine Familie lieben dich und machen sich Sorgen um dich. Sie haben jedoch keine Ahnung, was gerade in dir vorgeht. Du bist liebeskrank, süchtig nach seiner Haut auf deiner, in einer anderen Welt gefangen, in der Vernunft keine Chance hat. Also vergiss ihre Ratschläge (»Der spielt nur mit dir. Du verdienst etwas Besseres!«). Die tun dir bloß weh.

7. Hüte seine Geheimnisse wie einen Schatz

Er vertraut dir nach einer gemeinsamen Nacht an, wie es wirklich um die Firma steht? Dass ihm manchmal alles zu viel wird? Dass er am liebsten alles hinschmeißen würde? Hör ihm zu und hüte all seine Worte wie einen Schatz. So verdienst du dir Stück für Stück sein Vertrauen. Je mehr du weißt, desto mehr wird er sich bei dir fallen lassen und irgendwann vielleicht beschließen, dass er dich nicht mehr heimlich, sondern auch außerhalb des Schlafzimmers, in aller Öffentlichkeit, treffen will.

8. Ansprüche? Träum weiter!

Er hat sich Weihnachten nicht gemeldet, deinen Geburtstag vergessen und beim letzten Treffen nicht mal eine Flasche Wein mitgebracht? Tja, wenn du dir solche Aufmerksamkeiten wünschst, musst du dir einen RICHTIGEN Freund suchen. Luftschlösser wird dir der Chef dagegen jede Menge bauen: Wie gerne würde er mit dir in dieses kleine romantische Hotel auf Mykonos fahren und den Sonnenuntergang beobachten ... Wie gerne würde er seine Konferenz morgen absagen und stattdessen den Tag mit dir im Bett verbringen ... Hätte! Könnte! Würde! Dein Leben findet mit ihm im Konjunktiv statt. Aber dafür träumst du mit niemandem süßer als mit ihm.

9. Warum das alles?

Weil deine Haut explodiert, wenn er dich berührt. Weil er dir das Gefühl gibt, dass DU die einzige, die schönste, die aufregendste Frau in seinem Universum bist. Weil niemand so gut riecht und schmeckt wie er. Weil niemand dich so zum Lachen bringt und dich gleichzeitig so traurig macht. Weil du hoffnungslos in ihn verknallt bist. Und seien wir ehrlich: Weil du es irgendwie auch geil findest, durch die Firma zu laufen und zu denken »Wenn ihr wüsstet, wer mich gestern Nacht gebumst hat ...«

Regel Nr. 1: »From 9 till 5« brodelt ohne Ende sexuelle Energie zwischen deinen Lenden. Nutze sie! Wir wissen beide, dass du nach einem stressigen Arbeitstag zu müde für heißen Sex bist.

Regel Nr. 2: Sex mit deiner/m Chef/in ist wie Heroin. Es

gibt dir für kurze Zeit einen Kick, aber danach wird es dich zerstören.

Regel Nr. 3: Ausnahme: Du arbeitest zufällig für die Red Hot Chili Peppers, Rihanna oder George Clooney. Dann ist es den nachträglichen Schmerz wert.

K wie Kneipensex

Der Ort des Geschehens: das WC

An keinem anderen Ort wird so viel gebaggert und geknutscht wie am Bartresen. Schmeichelndes Licht, ent-
hemmende Drinks, laute Musik und schließlich die Frage
nach einer Zigarette: So haben sich schon viele gefunden,
und sei es nur für wenige Momente, in denen sie dachten,
sie hätten soeben ihren Seelenverwandten getroffen.

Da kann es durchaus passieren, dass die Gefühle über-
kochen und man mal dringend miteinander irgendwohin
verschwinden möchte – zum Liebemachen auf dem stillen
Örtchen. Aber wie geht das eigentlich: Sex in einer
schmutzigen, mit Bakterien kontaminierten Minizelle?

Mein Kumpel »Sly« (37) hat es mir erzählt: »Unser Ver-
ein hatte gewonnen, weshalb die Stimmung in der Fan-
kneipe an diesem Spieltag ausgelassen war. Sie war voll bis
zum Anschlag und ich natürlich auch. Im Zustand trun-
kener Glückseligkeit entwickele ich zuweilen einen durchaus bezaubernden, lausbübischen Charme, der, gepaart
mit einem leichten Anflug harmlosen Wahnsinns, offen-
sichtlich eine anziehende Wirkung auf Frauen hat. Jedenfalls auf manche – na ja, manchmal. Vielleicht ist diese
Charme-Theorie auch totaler Quark, und Betrunken-und-

willig traf einfach nur auf Auch-betrunken-und-auch-willig. Jedenfalls landeten wir beide auf dem Sofa im hinteren Bereich des Ladens und fingen erst mal an, wild rumzuknutschen. Mit Romantik oder gar Intimität hatte das nichts zu tun. Aus den asthmatischen Boxen dröhnte atonaler Krach, nur gelegentlich übertönt durch das Gegröle und Gekreische der anderen und vom Poltern des Kickers.

Wir knutschten uns also richtig schön in Stimmung; Hände fingen an zu wandern, Beine begannen sich zu umschlingen, Finger nestelten an Gürtelschnallen und so weiter. Was bald passieren würde, war mittlerweile klar. Es stellte sich bloß die Frage, WO es passieren sollte.

Es war bereits drei Uhr morgens. Nur noch die üblichen unentwegten Gäste krakeelten vorne am Tresen herum. Also vielleicht gleich hier, auf dem Sofa? Riskant, aber gerade deswegen eine sehr reizvolle Vorstellung. Die Gefahr des Erwischtwerdens hätte für einen besonderen Kick gesorgt, denn von Zeit zu Zeit torkelte immer mal wieder jemand nach hinten, um einen Freund, eine Brille oder seinen Verstand zu suchen. Da wir auf Sex (und zwar jetzt und sofort) aus waren und nicht auf einen Skandal und beide zu weit weg wohnten, taten wir das einzig Vernünftige: Wir verzogen uns ... aufs Klo! Das Männerklo, um genau zu sein – in erster Linie aus Rücksicht, weil wir da lediglich die einzige Kabine besetzten und es noch eine Pinkelrinne gab. Zudem bildete ich mir ein, die Männerwelt hätte eher Verständnis für Toilettenromantik als Frauen.

Mit Toiletten ist das ja immer so 'ne Sache. Es gibt welche, die sauberer sind als die Schweiz, und solche, bei denen man sich wünscht, einen dritten Arm zu haben, mit dem man die Türklinken, den Wasserhahn und alles andere, was man eigentlich nicht berühren will, anfasst und ihn anschließend abschraubt und wegwirft. Unser WC war in Anbetracht der fortgeschrittenen Stunde erstaunlich sauber. Also nichts wie rein in die Kabine, Riegel zu, Hosen runter, Augen zu – und los!

Viele Stellungen standen nicht zur Auswahl, und ein zugeklappter Klodeckel ist durchaus bequem. Klar, im Stehen hätten wir auch Spaß gehabt, aber genau das, nämlich Stehen, konnten wir nicht mehr so gut. So trieben wir es also lustig auf dem Klodeckel und wurden lediglich durch Türöffnungsversuche von Unbekannten gestört, welche ich stets mit einem fröhlichen ›Besetzt!‹ quittierte. Es hat auch sonst alles wunderbar funktioniert, es fiel auch nicht der berühmt-berüchtigte Satz ›Macht ja nix, hat trotzdem Spaß gemacht‹.

Anschließend verließen wir den zweckentfremdeten Abort – natürlich nacheinander – und mogelten uns wieder unter das spärlich gewordene Volk. Ich bin mir zu einhundert Prozent sicher, dass keine Sau etwas mitbekommen hat! Na ja, zu 97 Prozent …

Mein persönliches Fazit? Sex auf der Toilette ist eindeutig überbewertet, falls überhaupt mal jemand eine Lanze dafür gebrochen haben sollte. Ich bevorzuge das Bett, den Wald oder den Friedhof. Da stört einen wenigstens niemand.«

Wer nun deswegen oder trotzdem (je nachdem) Lust bekommen hat, sollte sich diesen Easy-Guide für Sex auf öffentlichen Toiletten durchlesen. Er kann Leben retten!

1. Beschränke den Kontakt deiner nackten Haut mit dem Interieur auf das absolute Minimum. Die ideale Stellung

hierfür: ER sitzt auf dem Klodeckel, du reitest ihn. Hierbei dienen seine Schultern als »Griff«. Vorteil: Du musst dich weder an der versifften Wand noch an der speckigen Tür, noch an dem mit Urinspritzern verseuchten Spülkasten abstützen.

2. Idealerweise trägt SIE einen Rock. Ihr Höschen zieht sie komplett aus, stülpt es sich über den Kopf oder bindet es sich ums Handgelenk. Bloß nicht zu Boden fallen lassen – da lauern Keime, die dich töten können.

3. Geht aufs Männerklo, dort ist viel weniger los als bei den Frauen. Außerdem sind die Kabinen häufig sauberer, weil viele bloß die Pissoirs benutzen.

4. Damit es richtig gut wird, ignorierst du alle vorangegangenen Regeln und konzentrierst dich auf das, was du eigentlich im Sinn hast: hemmungslosen Sex. Bloß noch an eines denken: Tür abschließen!!!

L wie Lifestyle

Was darf's sein: Single?
Offene Beziehung? Ehe?

Jeder Mensch ist mal Single oder in einer festen Beziehung. Irgendwann kommen dann Ehe, Kinder, vielleicht eine Scheidung ... meist in exakt dieser Reihenfolge. Aber warum eigentlich? Wer zwingt uns dazu, diese vorgefertigten Modelle alle schön brav nacheinander durchzuspielen – obwohl uns vielleicht Phase X viel besser gefallen hat als jene, in der wir aktuell stecken? Hier könnt ihr mal (heimlich) checken, welcher Lifestyle euch im Grunde eures Herzens am meisten entspricht:

Single und offen für alles

Dein typischer Montag: Du sitzt zu Hause und zelebrierst deinen Feierabend mit Bier, Pizza und Netflix. Nebenbei stöberst du auf Tinder nach potentiellen Lebensabschnittsgefährten, will sagen, One-Night-Stands. Aber keiner ist dir hübsch genug.

Dein typischer Samstag: Du suchst im Schlussverkauf nach einem nuttigen Fummel bzw. Aufreißerjacke für den

Abend, findest aber nichts, weil du zugenommen hast. Du gehst trotzdem aus. Leider benötigst du (mal wieder) sechs Longdrinks, ehe du dich traust, jemanden anzusprechen. Deshalb wird das Einzige, das du heute Nacht noch umarmen wirst, die Kloschüssel sein.

Das liegt auf deinem Nachttisch: Es ist pink, es hat Hasenöhrchen und es vibriert – deines (bzw. das von deiner Ex).

Das trägst du drunter: heiße Schlüppis zu jeder Tages- und Nachtzeit. Man weiß ja nie.

Das ist dein innigster Wunsch: Dass Netflix seine Auswahl vergrößert. Und Tinder auch. Sonst wird dich deine Langeweile demnächst töten.

Davon phantasierst du: Dass du den richtigsten Partner triffst, bevor deine Eizellen bzw. kleinen Soldaten nur noch auf Sparflamme arbeiten.

Geeignet für: Leute unter dreißig, die (noch) nicht aufgegeben haben und okay aussehen.

Single und unglücklich verliebt

Dein typischer Montag: Du liegst in der Badewanne und masturbierst – in Gedanken bei deinem (deiner Ansicht nach) Seelenverwandten.

Dein typischer Freitag: Du gehst mit ein paar Freunden aus – in die Bar, von der du weißt, dass er dort häufig abhängt. Natürlich kommt er nicht. Du knutschst aus Frust mit jemandem, der eigentlich unter deinem Niveau ist.

Dein typischer Sonntag: Du liegst heulend auf dem Sofa und sehnst dich nach ihm.

Das liegt auf deinem Nachttisch: dein Handy (voll aufgeladen und auf Maximallautstärke eingestellt) – immerhin könnte er sich ja melden.

Das trägst du drunter: irgendetwas, das Sex-Appeal verströmt. Du hast sogar schon über eine Straffung deiner Schamlippen bzw. ein Anal-Bleaching nachgedacht. Denn alles, was du willst, ist, perfekt zu sein – damit dein Soulmate dich leichter lieben kann.

Davon phantasierst du: von euch beiden, wie ihr Hand in Hand über eine Sommerwiese lauft. #duopfer

Geeignet für: manische Romantiker.

In einer offenen Beziehung

Dein typischer Freitag: Du sitzt mit Schatzi im Kino und wirst nervös, als du merkst, dass der Streifen Überlänge hat – weil du später noch mit deinem Fuckbuddy verabredet bist.

Dein typischer Sonntag: Brunchen mit Schatzi – gegen den Kater, den du dir am Abend zuvor mit deinem Fuckbuddy angetrunken hast.

Das liegt ganz hinten in deinem Nachttisch: deine Perücke. Falls du mit deinem Fuckbuddy mal vor die Tür musst.

Das trägst du drunter: Underwear, die mindestens 80 Euro gekostet hat. Weil sich bei dir alles darum dreht, begehrenswert zu sein.

Das ist dein innigster Wunsch: eine Dreierbeziehung.

Davon phantasierst du: Dass dir EIN Mensch endlich mal genügt.

Geeignet für: (Alt-)Hippies, Freaks, eitle Egomanen.

Verheiratet und Kinder

Dein typischer Montag: Du musst die Kinder nach der Arbeit zur Musikschule und zum Kinderturnen fahren. Danach kochst du irgendetwas ohne Gluten. Dein Partner ist im Fitnessstudio – sagt er zumindest.

Dein typischer Freitag: Irgendein anderes ödes Ehepaar mit Kindern lädt euch zum Grillen auf deren Balkon ein. Eins eurer Kinder verbrennt sich die Hand am Grill, und du musst mit ihm früher nach Hause. Deine bessere Hälfte bleibt noch und betrinkt sich bis zur Besinnungslosigkeit.

Dein typischer Sonntag: irgendwas mit Tieren – Wildtiergehege, Streichelzoo, Enten füttern. Danach: McDonald's. Danach Schlafenszeit – für alle. Und mal wieder zu müde für Sex.

Das liegt auf deinem Nachttisch: ein gutes Buch, von dem du leider seit zwei Jahren jeden Abend dieselbe eine Seite liest, ehe du einknackst.

Das trägst du drunter: Hä?

Das ist dein innigster Wunsch: Ruhe.

Davon phantasierst du: Sex mit dem scharfen Kindergärtner bzw. der 18-jährigen Babysitterin.

Geeignet für: Leute, für die Kinder das Größte sind und die das auch wirklich so meinen.

Die Kinder sind aus dem Haus

Dein typischer Montag: Ihr trefft euch mit den Meiers von gegenüber im Swinger-Club zum »lustigen Spar-Montag«, dann kostet der Eintritt nämlich zwei Euro weniger. Am kalten Buffet trifft man Bekannte. Es gibt Hackbällchen und Kir Royal. Später lässt man sich auf die Streckbank fesseln und auspeitschen. Entspannung pur!

Dein typischer Freitag: Schützenball. Kirschblütenfest. Tag des Baumes. Irgendwas ist immer.

Dein typischer Sonntag: Rasen mähen, Blechkuchen backen, im Onlineshop von Beate Uhse stöbern.

Das liegt auf deinem Nachttisch: ein Ratgeber – »Erziehungsspiele für Anfänger«.

Das trägst du drunter: etwas, das es im Dreierpack billiger gab.

Das ist dein innigster Wunsch: Dass alles so bleibt, wie es ist.

Davon phantasierst du: eine lederne Pferdemaske mit passenden Hufen und Schweif.

Geeignet für: tiefenentspannte, kreative Leute, die keine Lust mehr auf Stress und große Veränderungen haben.

Geschieden

Dein typischer Dienstag: Nach Feierabend erst mal zu Burger King, danach mit `nem Sixpack Bier vor die Glotze und Pornos gucken. Fick dich, Renate! (Männer) Nach Feierabend erst mal ins Fitnessstudio, danach lecker vegan kochen, irgendeinen Film mit Ryan Gosling anmachen und den neuen Lieblingsvibrator griffbereit auf dem Wohnzimmertisch platzieren. Fick dich, Herbert! (Frauen)

Dein typischer Freitag: Mit Freunden um die Häuser ziehen – bis 1 Uhr, länger geht nicht mehr. Dann allein nach Hause gehen mit der bitteren Erkenntnis im Gepäck, dass man zu alt und zu arm ist, um noch bei den jungen Hüpfern landen zu können. Zu Hause im betrunkenen Zustand Renate/Herbert anrufen und am nächsten Morgen drei Kreuze machen, dass keiner abgehoben hat.

Dein typischer Sonntag: Du hast die Kinder. Also bist du wahrscheinlich auf dem Spielplatz oder im Legoland.

Das liegt auf deinem Nachttisch: dein Handy. Du bist jetzt bei einer Ü60-Dating-Plattform angemeldet und überrascht, wie viele offenherzige Rentner/innen es gibt, die dich, ohne mit der Wimper zu zucken, sofort zu sich in ihr Reihenhaus einladen würden. Du bist überfordert.

Das trägst du drunter: dasselbe wie gestern.

Das ist dein innigster Wunsch: Dafür ist es noch zu früh.

Davon phantasierst du: Sex mit deiner rothaarigen Kollegin bzw. dem muskulösen Foodora-Lieferanten.

Geeignet für: Leute, die jahrzehntelang von ihren Ehepartnern immer bloß untergebuttert und eingeschränkt wurden und es jetzt noch mal RICHTIG krachen lassen wollen.

Regel Nr. 1: Schaff dir nicht bloß aus Gruppenzwang eine Familie an oder spiel den offenherzigen Single, wenn du in Wahrheit etwas ganz anderes willst.

Regel Nr. 2: Du bist als Ehefrau und Mutter von Kindern nicht automatisch glücklicher als jemand, der sich dafür entschieden hat, allein zu leben.

Regel Nr. 3: Hab keine Scheu davor, aus deiner aktuellen Lebenssituation auszubrechen, wenn du merkst, dass du unglücklich bist. Alle Beteiligten werden früher oder später davon profitieren.

M wie Mach's (dir) wie ein Mann!

Ohne Smalltalk – ohne Stress – ohne Vortäuschen

Einfach in eine Bar gehen, den erstbesten attraktiven Mann ansprechen, ihn auf einen Eierlikör einladen und mit nach Hause ins Bett nehmen – das klappt fast immer, wenn man ein halbwegs heißer Feger ist und selbstbewusst flotte Sprüche aus dem Hut zaubern kann. Und das, meine Lieben, ist NEU. Denn bisher lief es doch so: Männer teilten einem mit, wenn sie gerne Sex mit einem haben wollten, und wir Frauen sagten dazu (lässig am Tresen lehnend und an einem Drink nuckelnd) entweder ja oder nein. Aber die Zeiten sind vorbei. Frauen wollen sich nicht mehr bloß FICKEN LASSEN. Nein, sie legen selbst fest, wann und von wem sie GEFICKT WERDEN WOLLEN, um ihre persönlichen Bedürfnisse zu befriedigen.

Trotzdem haben viele (Single-)Frauen immer noch Hemmungen, ihre Lust so frei und egozentrisch auszuleben – wie es bisher größtenteils nur die Männer getan haben. Ein Fehler! Denn wir können in dieser Hinsicht eine Menge von den Herren der Schöpfung lernen. Würden wir es nämlich machen wie sie, dann hätten wir Sex:

- ohne viel Gequatsche.
- ohne den Namen des anderen zu kennen oder uns hinterher noch an selbigen zu erinnern. Oops!
- ohne anschließendes Kuscheln (geschweige denn Frühstück an nächsten Morgen). Erst kommen, dann gehen!
- ohne große Erwartungen oder Versprechungen.
- ohne Gefühle. Bloß, weil es niemanden gibt, den wir lieben, müssen wir noch lange nicht auf Sex verzichten.
- ohne das Licht auszuknipsen oder unsere (zu) prallen Oberschenkel unter der Bettdecke zu verstecken.
- ohne sich um verschmiertes Make-up zu sorgen.
- ohne vorgetäuschte Höhepunkte. Wir kommen IMMER, weil wir uns das holen, was wir brauchen.
- ohne stundenlanges Vorspiel.
- ohne uns vorher den Intimbereich zu rasieren. Scheiß drauf!
- ohne uns für unsere schmutzigen Phantasien zu schämen. Wir sprechen sie einfach aus und sorgen dafür, dass er sie umsetzt!
- ohne für gewisse »Jobs« jedes Mal eine Gegenleistung zu erbringen. Wir drehen uns nach dem Orgasmus einfach auf die Seite und pennen ein.
- ohne hinterher ein zweites Kopfkissen zu beziehen. Wir ziehen es vor, allein zu schlafen.
- ohne Gummi?! Nein, das ganz bestimmt NIEMALS.

Regel Nr. 1: Fordere deine Bedürfnisse selbstbewusst ein und lebe dich aus.
Regel Nr. 2: Warte nicht (mehr) darauf, dass ein Mann die Sache in die Hand nimmt. Hol dir selbst, was du willst.

Regel Nr. 3: Eine Prise Egoismus ist manchmal essentiell, um im Bett auf deine Kosten zu kommen. Du bist
nicht die Sex-Wohlfahrt.

M wie Monogamie

Warum Treue (oft) nicht funktioniert

In unserer egozentrischen, tindernden Gesellschaft stellt es kein Problem dar, zu jeder Tages- und Nachtzeit jemanden für einen Seitensprung zu finden, wenn der Sex mit unserem Partner zu selten oder zu langweilig geworden ist. Aber fordert ein neuer Partner plötzlich uneingeschränkte Treue, stehen viele mittlerweile vor einem Riesenproblem: Wie soll ich das schaffen? Ein Mann hat einmal zu mir gesagt: »Wenn das Frühstück wichtiger wird als der Sex, sollte man gehen.«

Ich fand das damals ziemlich clever. Denn nichts machte mir zu jenem Zeitpunkt mehr Angst, als mit jemandem zusammen zu sein, mit dem im Bett nichts mehr läuft; wenn Sex nur noch eine Pflichtübung ist.

Leider bleibt das nicht aus, wenn man lange mit jemandem liiert ist. Wer das nicht erträgt, haut ab. Oder geht fremd. Ein paar Klicks auf dem Smartphone genügen, um jemanden zu finden, der es einem mal eben zwischendurch besorgt, ohne Fragen zu stellen.

Manchmal fühlt es sich gut an, gegen die üblichen Regeln zu verstoßen und das Konzept der Monogamie genüsslich mit Füßen zu treten – weil es so schön böse ist, einen heimlichen Geliebten zu haben. Es pusht das eigene Selbstwertgefühl. Man fühlt sich sexy.

Trotzdem kommt irgendwann im Leben der Moment, in dem man beschließt, dass es jetzt doch mal an der Zeit sein sollte, sich der Herausforderung einer erwachsenen, ehrlichen, monogamen Beziehung zu stellen. Wenn man zum Beispiel schwer verliebt ist in den vermeintlich RICHTIGEN – und er dir sagt, dass er dich liebt; dich jedoch verlässt, wenn du ihn bescheißt. Da schlottern einem selbstredend die Knie, und man fragt sich: Geht das denn überhaupt (noch) – treu sein?

Die Statistiken sprechen nicht gerade für die Monogamie. Immerhin betrügen 43 Prozent der Deutschen ihren Partner – und zwar, obwohl sie ihn lieben. Sogar Helmut Schmidt hat's getan, David Beckham auch. Und Sarah Lombardi sowieso.

Die Gründe dafür sind mannigfaltig und lassen sich in einer Typologie veranschaulichen.

1. *Der Sarah-Lombardi-Typ:* Dein Ehemann interessiert sich nicht mehr für dich. Vor allem, seit das Kind da ist. Du vermisst das Gefühl, begehrt zu werden, und schläfst mit jemandem, der dich vergöttert. Für dein Ego.
2. *Der Jörg-Kachelmann-Typ:* Du hast immer mindestens drei verschiedene Beziehungen gleichzeitig am Laufen. Alles dreht sich bei dir darum, bloß nicht aufzufliegen. Das törnt dich an.
3. *Der Kristen-Stewart-Typ:* Deine Beziehung, in der du aus Imagegründen gefangen bist, ödet dich an. Deshalb treibst du es mit jemandem, der das Gegenteil von deinem Freund ist. Aber eigentlich bist du lesbisch.

4. *Der Dominique-Strauss-Kahn-Typ:* In deinen Augen ist Fremdvögeln bloß ein »kleiner moralischer Fehler«, der dir halt hin und wieder mal – hoppla! – passiert.

5. *Der Kate-Hudson-Typ:* Du glaubst nicht an Monogamie. Deshalb gönnst du dir hin und wieder einen Seitensprung und verzeihst auch untreuen Partnern großzügig.

6. *Der Tiger-Woods-Typ:* Du kannst gar nicht anders. Du bist krank. Ja, echt! Sexsucht ist eine (fast schon) anerkannte Krankheit, deren Heilungschancen extrem schlecht stehen.

7. *Der Jesse-James-Typ:* Du vögelst fremd, um deine Minderwertigkeitskomplexe (dein Partner ist wesentlich erfolgreicher als du) zu kompensieren.

8. *Der Elizabeth-Taylor-Typ:* Nur ein/e Partner/in zurzeit? Pfff! Du doch nicht, das wäre glatte Verschwendung.

9. *Der David-Beckham-Typ:* Du dachtest, du seist es deinem Image als Sexsymbol schuldig, mehr als nur eine Frau zu beglücken. In Wahrheit war das ein Riesenfehler.

Blöderweise hat man nicht wirklich Einfluss darauf, ob und wie »unmoralisch« man ist. Denn das hängt laut US-Studien von der Gen-Variante DRD4 ab. Deren Träger sind um 50 Prozent anfälliger für Seitensprünge als andere!

Wer dennoch treu sein möchte, muss tricksen. Eine Freundin von mir macht grundsätzlich nach zwei Jahren mit ihren Partnern Schluss, »weil der Sex dann lahm wird«. Auf diese Weise geht sie nicht fremd und hat trotzdem nonstop wilden Sex.

Eine andere Freundin hat mir erzählt, sie habe seit sechs

Jahren (!) nicht mehr mit ihrem Partner geschlafen. Sie ist Anfang vierzig und sagt, sie und ihr Mann seien sich »psychisch treu«. Er habe ihr einen »Freifickschein« ausgestellt. Auch nicht schlecht. Wenn man sich liebt, aber keine körperliche Anziehungskraft mehr vorhanden ist, muss man sich eben etwas einfallen lassen. Das betrifft uns alle. »Dauerhafte Sicherheit und häufiger, guter Sex schließen sich aus«, so die Psychotherapeutin Kirsten von Sydow von der Psychologischen Hochschule Berlin in einem Interview, das sie dem *Spiegel* gab (21/2015). Im besten Fall gibt es so gesehen nach Phasen von Alltagssex immer mal wieder leidenschaftlichere Zeiten.

Eine echte Schocknachricht, oder? Wer dauerhaft heißen Sex möchte, ist also praktisch gezwungen, sich von dem Gedanken der Monogamie zu verabschieden. Leichter wird das vermutlich, wenn man sich von diesem Alles-oder-nichts-Denken verabschiedet. Kate Hudson (zwei Kinder von zwei Expartnern) hält Monogamie zum Beispiel für unrealistisch. Wenn ihr Mann eine Affäre hat, »dann will ich es einfach nicht wissen. Solange in unserem Haus alles gut läuft, lass dich bitte nicht erwischen«, sagte sie dem Fernsehmagazin *Access Hollywood*. Sie selbst fühle sich ebenfalls von ihren sexuellen Energien beherrscht. Man müsse sich immer vor Augen halten, worauf es ankomme: »Andere Menschen nicht zu verletzen steht an erster Stelle.«

Das gelingt allerdings nicht allen, schon gar nicht in Hollywood. Angelina Jolie und Brad Pitt: Scheidung! Gwen Stefani und Gavin Rossdale: Scheidung! Ben Affleck und Jennifer Garner: Scheidung! Und sogar der Durchschnittsdeutsche schafft nicht mehr als 14 Ehejahre.

Es kommt einem halt ständig jemand »dazwischen«, der einen verrückt macht.

Bloß bei einer läuft es seit achtzehn Jahren bombig: Modedesignerin Vivienne Westwood, Mitte siebzig, ist seit 1992 mit ihrem ehemaligen Studenten Andreas Kronthaler, knapp fünfzig, verheiratet. Das Geheimnis ihrer Beziehung? »Man darf Liebe und Sex nicht verwechseln«, sagte Westwood dem *Handelsblatt*. »Wenn dein Mann etwas mit anderen Frauen haben möchte, dann lass ihn ruhig. Das ist nicht wichtig. Dadurch wirst du ein wesentlich entspannteres Leben führen.« Im Klartext: Fremdgehen ist in dieser Ehe ausdrücklich erwünscht! Das finde ich extrem cool. Wir müssen endlich anfangen zu akzeptieren, dass die meisten von uns nicht monogam leben können und/oder wollen, und aufhören, uns vorzumachen, das Vater-Mutter-Kind-Modell sei noch zeitgemäß. Das würde uns allen viel Stress ersparen.

Regel Nr. 1: Die Liebe ist bestimmt von einem ständig wiederkehrenden Tauschgeschäft: Nähe und Vertrauen gegen Leidenschaft. Und umgekehrt.
Regel Nr. 2: Wenn ihr sehr mutig seid, stellt ihr euch gegenseitig einen »Freifickschein« aus und zelebriert eure psychische Treue.
Regel Nr. 3: Wer noch mutiger ist, schwört sich ewige Treue.

O wie Objektophile & Co.

Die schrägen Sexvorlieben der Deutschen

Jeder, der in den letzten 21 Jahren einmal in die legendäre Telefon-Talkshow von Jürgen Domian reingezappt hat, weiß, wozu Menschen fähig sind. Ich rede von sexuellen Abgründen, die einem die Schuhe ausziehen. Domian, der seinen Job mittlerweile leider an den Nagel gehängt hat, hatte stets ein Ohr für jene, die von anderen gemieden, verachtet oder ausgelacht wurden: Prostituierte, Objektophile, Dominas, ewige Jungfrauen, ja, sogar Kannibalen und Pädophile – sie alle haben sich mit ihren Geschichten an den stets gefassten Moderator gewandt.

Einmal rief während der Sendung ein Typ an, der sich regelmäßig einen Frauenkörper aus Hackfleisch formte und damit seinen Spaß hatte. Ein anderes Mal kam eine Tierpflegerin durch, die sich von dem Orang-Utan, um den sie sich täglich kümmerte, sexuell angezogen fühlte. Oder ein Kerl, den es antörnte, sich die Lieblingsstifte, -bürsten und -löffel seiner WG-Mitbewohner in deren Abwesenheit in den Anus einzuführen und diese dann ungereinigt wieder an ihren Platz zurückzulegen. Oder dieses Mädchen, das es sexuell erregte, anderen Leuten die Pickel auszudrücken ...

Jede Nacht riefen solche Leute bei *Domian* an, um zu beichten. Dank ihm wissen wir: All diese mehr oder weniger Perversen leben mitten unter uns – aber das realisieren wir meist erst, wenn wir mal zufällig mit einem von ihnen in der Kiste landen.

So wie neulich mein guter Kumpel Tom. Völlig unerwartet lernte er an einem Freitagabend ein Mädchen in seiner Lieblingsbar kennen. Sie war keine Schönheit, zudem noch recht füllig, aber ihm gefiel ihr aufgeschlossenes, forderndes Wesen. Also ging er mit zu ihr.

Kaum fiel die Tür jedoch hinter ihnen ins Schloss, fiel sie mit selbiger ins Haus: »Könntest du dir vielleicht vorstellen, mir einen Haufen auf den Bauch zu setzen? Ich stehe nämlich drauf, angeschissen zu werden!«

Das war natürlich ein ganz schöner Schocker für meinen braven Kumpel. Beim besten Willen konnte er sich solch eine »Spielart« nicht vorstellen. Auch war ihm durch diese tolldreiste Aufforderung von einer Sekunde auf die andere jegliche Lust an »normalem« Sex mit der Dame vergangen.

Tom fand das Mädchen an sich trotzdem sympathisch. Da sie seine Reaktion zudem gut verstehen konnte, blieb er noch ein Weilchen bei ihr und plauderte mit ihr über das eine oder andere. In den frühen Morgenstunden tranken sie sogar noch eine Tasse Kaffee zusammen, ehe Tom schließlich gut gelaunt, wenngleich leicht verstört, seinen Nachhauseweg antrat.

Ich finde, das Verhalten meines Kumpels ist in Sachen Freundlichkeit, Toleranz und Offenheit gegenüber (zunächst angsteinflößender) Andersartigkeit sowie dem Umgang mit überraschenden perversen Neigungen bei netten

Menschen kaum zu überbieten. Davon können wir uns alle eine Scheibe abschneiden. Nicht nur in sexueller Hinsicht.

Regel Nr. 1: Du stehst auf ausgeflipptes Zeug im Bett? Schön für dich! Aber denk bitte daran, deine Eroberungen schon vor dem gemeinsamen Gang nach Hause darüber zu informieren, was da gleich auf sie zukommen könnte. Das erspart euch beiden viel Zeit und Traumata.

Regel Nr. 2: Domian hat immer gesagt, dass es kein Verbrechen ist, perverse Phantasien zu haben – solange es nur Phantasien bleiben.

Regel Nr. 3: Es gibt keinen Fetisch, den es nicht gibt. Zum Glück findet man im Internet Gleichgesinnte für (fast) alles.

P wie Postkoitale Kritik

Baby, gib mir ein Feedback!

Erinnert ihr euch an David Carradine? Der coole ältere Typ, der in *Kill Bill* jenen Bill gespielt und damit bis in alle Ewigkeit Kultstatus erreicht hat? Dieser Typ ist leider viel zu früh gestorben, weil er sich beim Masturbieren im Kleiderschrank eines Hotels in Bangkok versehentlich selbst stranguliert hat. Shit happens! Aber irgendwie auch ein angemessener Abgang für »Bill«.

Wie dem auch sei: Sich beim Sex gegenseitig zu würgen, um durch die mangelnde Sauerstoffzufuhr einen noch intensiveren Orgasmus zu erleben, ist eines von vielen schrägen Dingen, die im Bett mal ausprobiert werden können, aber definitiv kein Muss sind.

Trotzdem kommt es vor, dass einem im Eifer des Gefechts ungewollt etwas rausrutscht wie »Los, drück mir die Luft ab, Baby!«. Daran erinnert man sich am nächsten Tag nicht unbedingt. Vor allem, wenn Alkohol im Spiel war.

Es ist allerdings ziemlich blöd, wenn du neben einem Typen aufwachst und nicht mehr weißt, welche Versautheiten du dir in der vergangenen Nacht geleistet hast. Vor allem, wenn er dir wirklich etwas bedeutet. In dem Fall sollte man die letzte Nacht definitiv noch einmal gemeinsam Revue passieren lassen: Was habt ihr miteinander angestellt? Worum hast du ihn gebeten? Was hast du ihm ins Ohr geflüstert?

Auch ein ehrliches, direktes Feedback ist überaus hilfreich! Denn nehmen wir einmal an, du hast dem armen Mädchen im Schnapsrausch ins Ohr gesäuselt, dass es dir zum Beispiel einen Finger in den Arsch stecken soll, weil dir in dem Moment einfach danach war − dann wird es dasselbe vermutlich auch beim nächsten Mal tun, und zwar dir zuliebe. Denn es mag dich halt. So etwas kann zu Irrungen und Wirrungen führen, die schwer wieder aufzulösen sind.

Deshalb kann ich nur jedem raten, am Tag danach unbedingt über die letzte Nacht zu reden. Was hat dir gefallen? Was hat ihm gefallen und was nicht? Postkoitale, konstruktive Kritik ist DER Schlüssel zu einem noch viel besseren Liebesleben. Jeder gute, erfahrene und kluge Liebhaber wird das verstehen. Klar, der eine oder andere wird beleidigt reagieren, wenn du ihm unmittelbar danach sagst: »Ähm, also so, wie du mich eben geleckt hast, komme ich in zehn Jahren nicht zum Orgasmus.« Besser ist es, du startest direkt mit einem Lob (»Einfach unglaublich, wie schnell ich komme, wenn du es mir mit der Hand machst … Viel geiler als mit der Zunge!«). Der Ton macht halt die Musik.

Wie es hingegen NICHT geht, zeigen folgende Sätze, die Frauen aus meinem Bekanntenkreis beim, vorm oder nach dem Sex von vorlauten Männern um die Ohren gehauen wurden:

1. Vollklatsche: »Bisher war der Sex mit dir einfach nur langweilig. Aber heute – das war richtig grottenschlecht. Es ist aus!«

2. Paparazzo: »Warte, ich hol mal kurz mein Smartphone. Dein Arsch ist so sexy – den will ich als Bildschirmhintergrund bei WhatsApp.«

3. Autopilot: »Kannst du mir heute bitte einfach nur einen runterholen? Ich hatte einen anstrengenden Tag.«

4. Wettlauf: »Beeilst du dich ein bisschen mit dem Kommen? Champions League fängt gleich an.«

Dann gibt es noch jene Sätze, die erst einmal hart klingen, aber meist gar nicht so gemeint sind. Die Klassiker:

- *Er sagt*: »Du könntest ruhig ein bisschen versauter sein!«
  Wann: Nach dem Sex.
  Du verstehst: »Du bist mir zu langweilig.«
  Du denkst: »Will der jetzt, dass ich ihm Tiernamen gebe?«
  Was sich dahinter verbirgt: Er mag es, wenn du dich komplett fallen lässt, und wünscht sich mehr davon.

- *Er sagt*: »Hast du schon mal darüber nachgedacht, dich komplett zu rasieren?« bzw. »Lass dir mal einen Busch stehen!«
  Wann: Während er dich leckt.
  Du verstehst: »Mir gefällt dein aktueller Look nicht.«
  Du denkst: »So was Unhöfliches!«
  Was sich dahinter verbirgt: Es interessiert ihn einfach brennend, wie du »unten ohne« oder aber »unten mit« aussiehst. Dagegen ist nichts einzuwenden – solange er sich charmant ausdrückt.

- *Er sagt*: »Ich will mit dir zusammen kommen, Baby!«
  Wann: Während er sich auf dir abmüht.
  Du verstehst: »Los, komm jetzt gefälligst!«
  Du denkst: »Äh, dem ist aber schon klar, dass ich noch etwas Handarbeit nötig habe, oder?«
  Was sich dahinter verbirgt: Er dachte, dein Stöhnen bedeutet, dass du kurz davor bist.

- *Er sagt*: »Keine Sorge, ich halte noch gaaanz lange durch!«
  Wann: Ihr habt bereits alle möglichen Stellungen durch und vögelt schon mindestens 45 Minuten.
  Du verstehst: »Es kann sich nur noch um Stunden handeln.«
  Du denkst: »Aua! Ich kann gleich nicht mehr … Beeil dich mal, Alter!«
  Was sich dahinter verbirgt: Er reißt sich total zusammen, weil er denkt, dass er dir damit einen Gefallen tut. Süß!

- *Er sagt*: »Wenn du drei, vier Kilo abnehmen würdest, würdest du RICHTIG gut aussehen.«
  Wann: Du steigst gerade nackt aus dem Bett.
  Du verstehst: »Du bist mir zu fett!«
  Du denkst: »Und wenn dein Penis drei, vier Zentimeter länger wäre, hätte ich richtig Spaß.«
  Was sich dahinter verbirgt: Er findet dich tatsächlich ein bisschen zu … speckig. Arschloch!

Regel Nr. 1: Konstruktive postkoitale Kritik ist DER Schlüssel zu einem besseren Liebesleben.
Regel Nr. 2: Manche Kritik klingt unverschämter, als sie in Wahrheit gemeint sind. Im Zweifel lieber nachfragen.

Regel Nr. 3: Wähle deine Worte mit Bedacht. Oft merken wir nicht, wie sehr eine unüberlegte Bemerkung oder Kritik unseren Partner aus der Bahn werfen kann. Vor allem, wenn es um Sex geht.

Q wie Queer Buddy

Über schwule Männer,
die Frauen verarschen

Wenn du als Frau eng mit einem schwulen Mann befreundet bist, kommt meist irgendwann der Tag (oder die feuchtfröhliche Nacht), an dem er dich anmacht.

Das ist nicht einfach so dahergeschwafelt oder eine bewusste Provokation, sondern Tatsache, die mir 98 Prozent meiner Freundinnen mit *queer buddy* bestätigt haben, und sogar die schwulen Männer, die ich kenne, haben es zugegeben! In der Regel beginnt es damit, dass sie einem sagen, man sei »wahnsinnig sexy« und wenn sie nicht schwul wären, hätten sie sowieso schon längst versucht, einen ins Bett zu kriegen. *Kaboom!* Da homosexuelle Männer ja häufig sehr attraktiv und nicht zwangsläufig tuntig sind, können solche Aussagen schon ein wenig verwirren.

Eine Bekannte hatte beispielsweise mal einen schwulen Kumpel, der optisch genau ihr Typ war: dunkles Haar, mandelförmige Augen, der perfekte Gesprächspartner – auch in Sexdingen. Und wie der feiern konnte! Sie waren deshalb ziemlich oft betrunken, wenn sie zusammen waren. Häufig fing er dann irgendwann an, ihr Küsschen aufzudrücken, an ihren Ohrläppchen zu knabbern oder ihre

Hüften zu tätscheln. Einmal fragte er sie, ob er mal ihre Brüste sehen dürfe – sie dachte, sie träumt! Aber weil sie gerade so gemütlich in ihrer Küche beisammensaßen, gestattete sie es ihm. Daraufhin lächelte er und schob ganz ruhig den rechten Träger ihres Kleides beiseite, ging vor ihr auf die Knie und umschloss mit seinen Lippen vorsichtig ihre Brustwarze. Sein Bart kitzelte dabei ihre Haut. Sie kicherte leise, war aber auch sehr erregt.

»Und?«, krächzte sie nach einer Weile. »Wie ... ist es?« Ehrlich gesagt hoffte sie auf mehr. Er zuckte jedoch nur lachend mit den Schultern und sagte: »Komisch. Irgendwie nicht meins.«

Komisch-schön? Oder komisch-iihh? Das hat er ihr nicht verraten. Jedenfalls flirtet ihr schwuler Freund auch heute noch regelmäßig mit ihr. »Sexy ist eben sexy«, sagt er. Und schwul ist also gleich ... bisexuell?

Eben nicht! »Einige Schwule geilen sich daran auf, wenn Frauen schwach werden«, erklärte mir neulich ein anderer schwuler Freund. »Wir finden es lustig, dass ihr denkt, ihr seid so heiß, dass nicht mal wir euch widerstehen können. Was natürlich Unsinn ist. Wir wollen Schwänze lutschen und sonst nichts.« Manche Frauen würden das allerdings nicht wahrhaben wollen. »Kürzlich hat mich mal eine Frau angebaggert, die meinte, sie sei schwul. Schwul! Nicht lesbisch. Die war total verrückt, und ich habe auch erst mal gar nicht kapiert, was sie damit überhaupt meint. Also habe ich sie gefragt, ob sie Männer liebe. Sie schüttelte den Kopf und meinte, sie stehe ausschließlich auf schwule Männer, die fände sie irgendwie geil! Sie hat mich so offensiv angeflirtet, dass ich schließlich mit ihr rumgemacht habe und sie in meiner Phantasie auch tatsächlich als Mann begriffen habe. There are no boundaries, baby.«

Genau, lasst die Grenzen verschwimmen. Wir sind alle Menschen und dazu geboren, Liebe miteinander zu machen.

Regel Nr. 1: Es gibt Frauen, die auf schwule Männer stehen, und schwule Männer, die das geil finden.
Regel Nr. 2: Einige Gays lassen Frauen aus purer Eitelkeit in dem Glauben, sie fänden sie sexy.
Regel Nr. 3: Es gibt keine Grenzen, solange du deine Phantasie benutzt und dich nicht bei Oberflächlichkeiten wie Geschlechtsmerkmalen aufhältst.

R wie Rotlicht

Unterstützung im Ehebett durch Profis

Valeska und Friedholm haben sich vor fünf Jahren auf Gran Canaria am Strand von Maspalomas kennengelernt, unter Palmen und bis oben hin voll mit Sangria. Am All-inclusive-Buffet hat es gefunkt. Es gab Geschnetzeltes und Pommes. Das wissen beide noch, als wäre es erst gestern gewesen. Gleichzeitig griffen sie zum großen Löffel im Mayonnaisetopf – und es hat *Zoom* gemacht! Die wohl romantischste Lovestory seit »Titanic«.

Aber das ist lange her. Und mittlerweile – zurück im Ruhrpott – hat der Alltag Einzug gehalten in ihre einst so leidenschaftliche Beziehung. Deshalb kam Friedholm eines Tages mit der Idee im Gepäck von der Arbeit, man könne sich doch mal eine, ähm, Dame aus dem Rotlichtmilieu ins Bett holen.

Valeska tat zunächst pikiert. Doch in der Tiefe ihres Herzens wusste auch sie, dass sie etwas unternehmen mussten, um ihre Leidenschaft am Köcheln zu halten. Und so willigte sie nach langen Diskussionen schließlich ein – nicht jedoch, ohne drei Bedingungen zu stellen: Keine Dirne von der Straße im Industriegebiet durfte es sein; keine Crack- oder Babynutte vom Hauptbahnhof; und keine von den gewieften Abzockerinnen, deren Revier sich vor der Fast-Food-Filiale auf dem Kiez befand. Nein, etwas »Edles« wollte man sich gönnen, mit großen Brüsten, unrasiert, dauergeil natürlich und um die vierzig (damit Valeska, mittlerweile stolze siebenundvierzig, keine Minderwertigkeitskomplexe bekam).

Man blickte in die Kleinanzeigen und fand jemanden, der für 500 Euro Gage zu haben war, was auf Qualität hinwies. Gesagt, gebucht – für nächsten Samstag!

Ab Donnerstag liefen die Vorbereitungen in dem kleinen Reihenhaus auf Hochtouren. Zwei Flaschen Rotkäppchen-Sekt wurden kalt gestellt, Salzstangen lagen bereit und reichlich Teelichter. Das eheliche Bett ward frisch bezogen, und Valeska hatte sich bei La Perla noch schnell etwas richtig Gewagtes gegönnt: ein rosarotes, durchsichtiges Negligé mit Puscheln an den Rockzipfeln. Friedholm war endlich mal wieder joggen gegangen und hatte sich die ganze Woche über seine »feine« Unterhose von Calvin Klein aufgespart. Am Samstag wollte er sie tragen.

Samstagvormittag fuhr Valeska zum Fleischer und holte 500 Gramm frisches Mett, dazu ein Meterbrot. Leckere Schnittchen sollte es geben, falls es ihren Besuch nach etwas Deftigem gelüstete.

Bald war es so weit. Aufgeregt entkorkte Friedholm – im nachtblauen Kimono (eine Maßanfertigung aus dem letzten Kambodscha-Urlaub) – schon mal die erste Flasche Sekt. »Stößchen, mein Schatz!«, rief er und prostete seiner Ehefrau zu, die noch damit beschäftigt war, ihr Haar in Position zu föhnen.

»Ich bin so aufgeregt, mein Spatz. Was, wenn sie uns nicht attraktiv findet?«, äußerte Valeska ihre Befürchtung.

Friedholm verstand nicht ganz. »Wieso? Wir haben die doch bezahlt? Die hat uns sexy zu finden!« Dann grunzte er ein wenig beim Lachen.

Dingdong! »Die Nutte ist da«, quietschte Valeska aufgeregt und lief zur Tür. Was sie dort sah, gefiel ihr. Sandra sah aus wie bestellt: schwarzes, volles Haar, pralles Dekolleté, kurzes Minikleid, hohe Schuhe, kräftige Oberschenkel, volle Wangen. »Ein echtes Vollweib!«, entglitt es Friedholm. »Die mag bestimmt eins von unseren leckeren Mettschnittchen!«

Doch die Dame lehnte dankend ab, drückte Friedholm ihren Mantel in den Arm und nahm im Wohnzimmer neben Valeska auf dem beigefarbenen Plüschsofa Platz. »Wie hättet ihr's denn gerne?«

Tja, gute Frage. »Also erst mal ganz normal«, flüsterte Valeska, eifrig an ihrem Glas Sekt nippend. Friedholm traute sich da schon mehr: »Ich würd ja schon gern sehen, wie ihr euch beide küsst und vielleicht gegenseitig den Busen ...« Sandra nickte. »Kein Problem.«

Zwei Sekunden später steckte ihre Zunge in Valeskas Mund. Ihre langen, knallrot angemalten Fingernägel krallten sich in die linke Brust der Hausfrau und zweifachen Mutter. Friedholms Penis war sofort erigiert. Verstohlen knetete er an seinem Calvin-Klein-Stöffchen herum und kippte sein Glas Rotkäppchen auf ex.

»So, nun will ich aber auch mal ran«, raunte er den Damen mit heiserer Stimme zu. »Hier, schaut mal, was Papa für euch hat!«

Mit diesen Worten holte er seinen leicht gekrümmten, nicht überdurchschnittlich großen »Lurchi« (wie er sein bestes Teil liebevoll nannte) hervor. Sandra reagierte professionell und schob sich das Teil in den Rachen. Valeska staunte nicht schlecht, wie tief sie ihn hineinbekam. »Wie machst du das bloß? Ich krieg dabei immer so einen Kotzreiz!«, gestand sie Sandra.

Die lachte nur und erklärte ihrer Kundin, dass es dabei lediglich auf die richtige Atemtechnik ankäme. »Ich zeig's dir noch mal – in Zeitlupe«, bot Sandra an. Valeska nickte und schaute angestrengt zu, als die Edelhure wieder Friedholms Lurchi in den Mund nahm, der daraufhin jedoch völlig unkontrolliert anfing zu stöhnen und zu keuchen: »Oh Gott – NEIN, bitte, nein, bitte nicht – NEEEIIIN. JAAAAAAAAAAAAAAAA! Oh, ah, ohhhhh. Gott ...«

Tja, und – schwups – war er auch schon gekommen, der Gute. Valeska lief unwillkürlich knallrot an. »Oh Gott, das tut mir jetzt aber leid – nun sind Sie extra den weiten Weg hierhergekommen ... und mein Mann schafft es nicht mal, fünf Minuten durchzuhalten. Ich hatte dir doch gesagt, du sollst noch mal wichsen, ehe sie kommt! Herrje, ist das jetzt blöd.«

Sandra schüttelte abwehrend den Kopf. »Nicht doch. Das passiert mir ständig.«

Pause. Nur Friedholms Keuchen war zu vernehmen.

»Das Mett!«, rief da Valeska plötzlich. »Mögen Sie vielleicht ein schönes Mettschnittchen? Hab ich heut Morgen frisch vom Metzger geholt und extra für Sie gemacht.«

Sandra lächelte. »Nein, danke, ich hab heute ja noch andere Termine ...«

Valeska eilte trotzdem zum Kühlschrank. »Ist aber ohne Zwiebeln. Wenigstens eins müssen Sie kosten!« Sandra machte eine abwehrende Geste mit den Händen.

Friedholm richtete sich unterdessen wieder auf. »Also

ich würd eins nehmen, mein Mäuschen.« Letztlich griffen alle zu. Und – zack! – war das kleine Silbertablett auch schon leergefuttert. »Na bravo!«, freute sich Valeska. »Hat's uns allen also geschmeckt.«

Ja, das hatte es wohl. Doch noch ein erfolgreicher Abend!

Regel Nr. 1: Wer länger durchhalten möchte, wenn's drauf ankommt, sollte zwei Stunden zuvor eine kleine »Generalprobe« absolvieren.

Regel Nr. 2: Mettschnittchen immer erst NACH und niemals vor dem Sex genießen.

Regel Nr. 3: Nicht alles, was einem aus sicherer Distanz verrucht oder sexy erscheint, ist es in Wahrheit auch.

S wie Sag mir, wie du wohnst, und ich sag dir, wie du f*****

Von Designer-Loft bis Wohnwagen

Du besuchst deinen neuen Freund zum ersten Mal in seinem Zuhause oder folgst der Einladung deines Kneipenflirts, der dich unbedingt noch auf einen *räusper* Kaffee in seiner Küche einladen wollte? Dann schnall dich besser an. Denn sobald der Haustürschlüssel im Schloss steckt, bricht die Stunde der Wahrheit an: Die Wohnung deiner Eroberung sagt dir nämlich ALLES über deren Sexualverhalten. Lies also am besten folgende Typologie, damit du notfalls schon auf der Schwelle die Flucht ergreifen kannst:

Der Slacker

Bei ihm sieht es aus wie nach einem Bombeneinschlag? Egal, die Frauen sind auch so verrückt nach ihm. Jackpot!

So wohnt er: Er lebt seit zehn Jahren oder länger in seinem WG-Zimmer und hat den Boden noch NIE gewischt. Das ist an seinen ehemals weißen Frotteebadeschlappen zu erkennen, die tiefschwarz verfärbt sind. All seine Möbel sind Eigenkonstruktionen aus Sperrholzplatten, als »Gardine« dient eine gebatikte Hängematte, die er irgendwann aus Thailand mitgebracht hat. Die Wände zieren psychedelische Kunstdrucke irgendeines Independent-Künstlers, im Regal stehen Werke von Tolstoi und Dostojewski sowie alte Unterlagen aus seinem abgebrochenen Soziologiestudium. Das Bettlaken ist von Brandflecken übersät (er schläft gern mal mit Kippe in der Hand ein). Vor dem Bett stapeln sich leere Teller, benutzte Taschentücher und Kaffeebecher.

So ist er im Bett: Er hatte nie Probleme, Frauen kennenzulernen, weil er verdammt gut aussieht. Sie lieben seinen Intellekt, seinen lässigen Style und seinen Penis. Deshalb ist ihm auch scheißegal, wie es bei ihm zu Hause aussieht. Die Frauen kommen sowieso immer wieder zu ihm zurück.

Tipp für die Frauen: Vermeide es, nach dem Sex über Nacht zu bleiben. Seine Matratze, die er anno 1996 auf dem Sperrmüll gefunden hat, ist derart durchgenudelt, dass du dir in seiner Kiste Filzläuse holen und einen Bandscheibenvorfall zuziehen könntest. Wichtig: Prüfe das Verfallsdatum seiner Kondome. Gut möglich, dass er ein abgelaufenes Exemplar aus den späten Neunzigern unter dem Bett hervorgekramt hat, weil er mal wieder zu faul war, eine neue Packung zu kaufen.

Der Eigenheimbesitzer

Bei ihm ist dein Orgasmus so sicher wie die Hypothek, die er monatlich abstottert.

So wohnt er: Bereits mit Ende zwanzig hat er dafür gesorgt, dass er sich im Alter keine Gedanken über steigende

Mietpreise machen muss. Dank Bausparvertrag und gesichertem Einkommen (öffentlicher Dienst oder Finanzwesen) konnte er sich den Traum vom Eigenheim erfüllen. Er weiß ganz genau, was er will, und nimmt es sich auch.

So ist er im Bett: In der Kiste ist er ebenso zielstrebig, zuverlässig und, nun ja, altmodisch wie in allen anderen Lebensbereichen. Er weiß, was sich gehört – etwa dass eine Frau immer zuerst kommen sollte.

Tipp für die Frauen: Lass dir mindestens ein halbes Jahr Zeit, ehe du zu ihm ziehst, denn langweilig wird es mit diesem Sicherheitsfanatiker noch früh genug.

Der Verlassene

Seine Ex guckt euch beim Sex zu? Dann lauf!

So wohnt er: Die Trennung von seiner großen Liebe ist zwar schon drei Jahre her, aber er hat es immer noch nicht geschafft, die gemeinsamen Fotos von der Wand zu nehmen. Auch sonst kommt seine Butze noch arg weibisch daher: Duftkerzen, rosarote Farbakzente an der Wand, Narciso-Rodriguez-Duschgel im Bad – alles Reliquien einer längst vergangenen Liebe. Ganz ehrlich: Wenn dieser Mann nicht bald mal die Eier hat, den ganzen Scheiß zu entsorgen, kannst du ihn getrost in der Pfeife rauchen.

So ist er im Bett: Mit seiner Ex war er neun Jahre zusammen. Sie war seine erste und bisher auch einzige Sexualpartnerin. Rechne nicht damit, dass er im Bett Wunder vollbringt. Dafür kannst du ihn dir so zurechtbiegen, wie du es brauchst.

Tipp für die Frauen: Ausgefallenere Praktiken könnten ihm zunächst Angst machen.

Das Muttersöhnchen

Im Hotel Mama genießt er All-inclusive – und zwar auf Lebenszeit.

So wohnt er: Sein Bett ist mit einer selbstgehäkelten Tagesdecke überzogen. Porzellanfiguren und Alpenveilchen zieren seine Fensterbank. Mach dich schon mal darauf gefasst, dass euch seine Mutti am Morgen danach mit Frühstück am Bett überraschen wird. Ungefragt.

So ist er im Bett: Solange er dich nicht zwingt, beim Sex die Perlen seiner Mutter anzulegen, ist alles cool. Viele Muttersöhnchen sind allerdings derart verhätschelt, dass sie sich auch im Bett gerne bedienen lassen. Hier sind dringende Erziehungsmaßnahmen nötig!

Tipp für die Frauen: Finde dich damit ab, dass du die ewige Nummer zwei im Leben dieses Mannes sein wirst.

Der Gestörte

An seiner Eingangsgarderobe hängt irgendetwas Schwarzes aus Latex. Poster im Flur zeigen geknebelte nackte Frauen. Spätestens, als du auf der Hutablage eine Gasmaske entdeckst, scannst du die Wohnung panisch nach »Fluchtmöglichkeiten« ab.

So wohnt er: Spartanisch, viel Eisen. Rote Ledercouch. Sieht alles irgendwie nach Puff aus. Sein Schlafzimmer ist mit einem echten Gynäkologenstuhl sowie einem Andreas-kreuz ausgestattet. An der Decke hängt ein Spiegel. Neben dem Bett steht ein Kamerastativ.

So ist er im Bett: Er hat einen Lack- und Lederfetisch, steht auf BDSM, und auch gegen »Natursekt« hat er nichts einzuwenden. Muss man mögen.

Tipp für die Frauen: Entweder du machst sofort auf der Schwelle kehrt, oder du sagst ihm gleich zu Beginn ganz ehrlich, wo deine Grenzen liegen. Gut möglich, dass du mit ihm in völlig neue erotische Sphären vordringen wirst ...

Der Stylomat

Seine Wohnung sieht aus wie das Set eines Films von Tom Ford, in die er eine Frau nach der anderen abschleppt.

So wohnt er: Seine Einrichtung entspricht den neuesten Wohntrends. Überall stehen Spiegel. Seine Wände zieren Nacktfotos von dürren Models, die er im Rahmen seiner Tätigkeit als angesagter Modefotograf selbst abgelichtet hat.

So ist er im Bett: Wenn er dir sagt, dass er dich wahnsinnig gerne mal fotografieren würde, dann mach dir klar, dass er das zu allen sagt und es darauf hinauslaufen wird, dass du nackt für ihn posieren »darfst«.

Tipp für die Frauen: Wenn du Bock auf ein verruchtes Abenteuer hast, ist ER genau der Richtige. Erwarte aber nicht, dass er dich nach dem Sex nach Hause fährt.

Der Wohnwagenbesitzer

Er verkauft sich selbst gerne als Abenteurer oder hippiesken Nomaden. Aber in Wahrheit hat er kein Geld für eine eigene Bude, seit ihn seine Exfrau zu Hause rausgeschmissen hat.

So wohnt er: Stell dich auf Campingplatzromantik ein. Bei ihm gibt's Dosenravioli und Wasser aus Kanistern. Gebadet wird im See. Oder gar nicht.

So ist er im Bett: Sobald ihr es heftiger miteinander treibt, fängt sein Wohnwagen so stark an zu wackeln, dass der gesamte Campingplatz euch mit Pfiffen anfeuert. Tja.

Tipp für die Frauen: Dieser Mann ist ein Glücksgriff, wenn du schon immer mal einen Roadtrip durch Südfrankreich machen wolltest. Sobald es Herbst wird, solltest du aber lieber ans Schlussmachen denken. Sonst droht Unterkühlungsgefahr.

Regel Nr. 1: Wenn du bereits beim Betreten der Butze deines neuen Lovers auf Details achtest, kannst du dir viel Kummer ersparen.

Regel Nr. 2: Traue keinem Mann, der es mit dreißig immer noch nicht geschafft hat, eine eigene Wohnung zu beziehen. Eigenheime auf Rädern zählen nicht.

Regel Nr. 3: Der Hygienegrad seines Badezimmers lässt erstaunliche Rückschlüsse auf sein Seelenleben zu.

S wie Slut Shaming

Fehler, die Frauen mit zwanzig beim Sex machen

In unseren Zwanzigern haben wir fast alle viele peinliche Fehler beim Sex gemacht. Fehler, die uns heute nicht mehr passieren und auch nicht mehr passieren *dürfen*. Trotzdem waren sie wichtig für unsere sexuelle Entwicklung, weil sie uns zu jenen starken, selbstbewussten Frauen gemacht haben, die wir (jetzt fühlen sich hoffentlich ganz viele von euch angesprochen) heute sind.

Deshalb lohnt es sich, jene Dummheiten und Fauxpas, die so vielen von uns damals passiert sind, noch einmal Revue passieren zu lassen – als Warnung für viele andere.

1. Wir mussten uns beim Versuch, einen Deep Throat hinzulegen, übergeben.
2. Wir wollten nicht geleckt werden, weil wir uns für den Look oder Geruch unserer Muschi geschämt haben.
3. Wir täuschten Orgasmen vor, aus Rücksicht auf das zerbrechliche Ego unseres Partners.
4. Wir nahmen bedenkenlos jahrelang die Pille.
5. Wir machten uns bei One-Night-Stands erst hinterher Gedanken über die Verhütung.

6. Wir knutschten mit dem Freund unserer besten Freundin – einfach nur, weil wir es konnten.
7. Wir schickten dem Typen aus dem Chatroom Nacktfotos via ICQ.
8. Wir dachten, dass man Sex im Aufzug, am Strand oder in der Umkleidekabine unbedingt mal gemacht haben muss.
9. Wir haben uns geschämt, weil wir mit zwanzig noch keinen Analsex wollten. Obwohl das laut unseres damaligen Freundes angeblich zum Standardrepertoire gehört.
10. Wir versteckten unseren Vibrator in der hintersten Ecke unseres Kleiderschranks.
11. Wir dachten, dass EIN Vibrator ja wohl genüge.
12. Wir sind aus Verzweiflung mit unserem Arschloch-Ex in die Kiste gestiegen.
13. Wir sind aus Verzweiflung, Einsamkeit oder aus Eitelkeit mit IRGENDWEM in die Kiste gestiegen.
14. Wir hatten viel zu selten schon morgens vor der Arbeit Sex. Heute wissen wir, WIE sehr das die Sicht auf die Welt verändern kann.
15. Wir stempelten Pornos per se als uncool ab.
16. Wir schliefen aus den völlig falschen Gründen mit einem Haufen Losern, Arschlöchern und Unsympathen.
17. Wir dachten, fremdgehen sei der verdammte Weltuntergang und dass Monogamie der einzige Weg ist.
18. Wir dachten, dass wir nie wieder so viel heißen Sex haben würden wie in unseren Zwanzigern. Von wegen!
19. Wir landeten mit einem Fremden in der Kiste, und er schaffte es, dass wir so intensiv und geil kamen WIE NOCH NIE. Doch anstatt diesen sexuellen Meilen-

stein zu feiern, heulten wir am nächsten Tag in unser Kuscheltier, weil wir uns »schlampig« fühlten. Stichwort: *Slut Shaming*. Heute wissen wir: Guter Sex ist ein Geschenk Gottes! Und bloß weil wir gerade keinen festen Freund haben, heißt das noch lange nicht, dass wir auf sexuelle Erfüllung verzichten müssen.

Ich sage: Kommt heftig und oft und genießt es, Bitches! Egal, ob mit zwanzig, dreißig oder siebzig.

Regel Nr. 1: Jeder Umstand, der dir zu einem grandiosen Orgasmus verhilft, ist ein Geschenk – auch wenn es »nur« ein One-Night-Stand ist.

Regel Nr. 2: Dein Körper gehört dir. Du kannst dich anziehen, wie du willst, und du kannst schlafen, mit wem und wie du willst.

Regel Nr. 3: Nur wenn du dich in deinen Zwanzigern durch haufenweise miese Nächte quälst (und glaub mir, wir alle mussten das), wirst du irgendwann DEN Sex haben, den du verdienst.

S wie Social Freezing

Warum, wann und wie du deine Eier auf Eis legen solltest

Schöne Scheiße, wenn man mit dreißig mal wieder vor den Trümmern einer Beziehung steht (»Nie wieder Männer! Fürs Erste ...«) und einem die Mutter in liebevollmahnendem Ton ans Herz legt: »Du solltest mal darüber nachdenken, dir deine Eier einfrieren zu lassen. So langsam tickt die Uhr ...«

Eine Trennung ist schon traurig genug. Aber mit dreißig hat so etwas eine ganze andere Dramatik als mit 22, weil frau, an biologischen Maßstäben gemessen, nicht mehr taufrisch ist. Selbst dann nicht, wenn sie nach wie vor gerne *Die Dinos* im Fernsehen guckt und mit Kuscheltier im Bett schläft.

Mit dreißig sieht sie sich gezwungen, sich langsam Gedanken um ihre Eier zu machen. Die große Frage lautet: Einfrieren lassen – oder doch darauf bauen, innerhalb der nächsten paar Jahre schon noch irgendwie auf natürlichem Wege schwanger zu werden? Vorausgesetzt natürlich, frau findet einen Mann, mit dem sie überhaupt Kinder will. Eine große Liebe also, mit der einfach alles passt.

Aber was tun, wenn diese Liebe erst mit sechsundvierzig auftaucht? »Na, dann lässt du dir ganz gechillt deine eingefrorenen jungen Eizellen einpflanzen – und fertig ist die Laube«, meinte neulich eine Freundin zu mir, die letztes Jahr genau das getan hatte. Meine Mutter findet, ich solle es ihr gleichtun. »So chaotisch, wie dein Leben gerade verläuft, wäre das eine wirklich gute Lösung. Dann musst du dich nicht stressen und kannst ganz in Ruhe an deiner Karriere arbeiten. Und wenn dann irgendwann, vielleicht in acht Jahren oder so, endlich mal ein netter Mann kommt, hast du ein paar frische dreißigjährige Eier parat – meine Enkelkinder!«

Social Freezing heißt dieser Trend, der innerhalb der letzten Jahre vor allem aus Hollywood zu uns herübergeschwappt ist: das Schockfrosten von Eizellen zu einem Zeitpunkt, an dem die Frau auf dem Höhepunkt ihrer Fruchtbarkeit ist. Das ist allerdings nicht ohne. Zuerst muss frau eine Hormonstimulierung über sich ergehen lassen, bei der der Körper dazu gebracht wird, möglichst viele Eizellen zu produzieren. Dadurch kann es allerdings zu Gewichtszunahme und Stimmungsschwankungen kommen, weshalb einige Ärzte vor den seelischen und körperlichen Folgen von Social Freezing warnen. Anschließend werden der Frau Eizellen entnommen und in Stickstoff gelagert – allzeit verfügbar, sollte sie sich zu einem späteren Zeitpunkt für eine Schwangerschaft entscheiden. Dann nämlich werden die Eizellen aufgetaut, mit den Spermien des Partners im Reagenzglas befruchtet und der Frau wieder eingesetzt. Kostenpunkt: rund 2000 Euro plus ca. 300 Euro pro Jahr für die Lagerung der Eizellen.

Meine Meinung dazu? Verdammt spooky. Vor allem, wenn man sich selbst noch so gar nicht mit Klein Kevin an der Hand zur Kita hetzen sieht. Aber es hilft ja nichts: Als Frau musst du JETZT vorausschauend denken – bevor es zu spät ist. Oder?

Meine Freundin Kaya sieht das anders: »Als Nächstes lässt man sich dann Gehirnzellen einfrieren – falls man später noch Karriere machen will, oder was? Nein, danke. Ich finde das einfach nur pervers.«

Kaya ist zwar erst 27 und hat damit leicht reden, aber sie hat recht. Denn wohin solche »modernen« Methoden hinführen können, hat man bei Hollywoodstar Sofía Vergara gesehen, die sich nach der Scheidung von ihrem Mann mit ihm um die gemeinsam eingefrorenen und bereits befruchteten (!) Eizellen gestritten hat. Absurder geht's kaum. Mir persönlich reicht es, wenn mein Ex und ich uns um das »Sorgerecht« für die Nespresso-Kaffeemaschine streiten.

Regel Nr. 1: Wenn du mit dreißig immer noch allein bist, solltest du dich zumindest mal oberflächlich mit dem Thema Social Freezing auseinandersetzen.

Regel Nr. 2: Lass dich nicht von neumodischen Errungenschaften der Medizin künstlich unter Druck setzen. Trotzdem gilt: Je früher du deine Eier auf Eis legen lässt, desto besser.

Regel Nr. 3: Es ist okay, wenn du keine Kinder haben möchtest. Mit dreißig. Trotzdem solltest du ein bisschen Geld sparen – für den Fall, dass du es dir mit vierzig noch einmal anders überlegst …

T wie Tinder-Kinder

Die Dating-Hölle lauert auf deinem Smartphone

Unzählige Leute haben nur noch über Dating-Apps oder Seitensprung-Portale Sex. Das finde ich echt traurig. Leute, lasst die Finger von diesem albernen Müll und verliebt euch endlich wieder auf herkömmliche Art: in Bars, auf Festivals, auf Straßenfesten, wo auch immer.

Die Jungs von Deichkind wissen, was ich meine. Neulich las ich einen Blog-Eintrag auf www.deichkind.de, der sich an die sogenannten Tinder-Kinder richtete: »Hach, manchmal bedauere ich, dass es zu meiner Single-Zeit noch nicht solche Geschlechtsverkehr-Börsen gab. Da musste man für ein gepflegtes Pilzragout noch ordentlich ablatzen. Oder ewig saufen, bis ganz vielleicht mal was ging, und wenn, dann nach dem Motto ›Lieber widerlich als wieder nicht‹. Shit. Yolo. Geil leider.«

Heute läuft das anders. Vor Kurzem war ich bei meiner Freundin Lila zu Besuch. Ihr Smartphone glühte im selben Rosaton wie ihre Wangen, während sie mir zeigte, wie ihre präferierte Sex-Plattform funktioniert. »Männern, die du und die dich geliked haben, kannst du schreiben. Mit diesen fünf hier chatte ich seit ein paar Wochen. Die sind okay«, erklärte sie mir und deutete auf eine Liste mit Männernamen (u. a. »Tröpfchen« und »Föb69«). Mit zwei davon hatte sie auch schon Sex. »›Tröpfchen‹ ist ein ganz Lieber«, erzählte sie und begann eifrig zu tippen. »Vielleicht ist ja endlich der Richtige für mich dabei!?« Puh!

Nun muss ich fairerweise sagen, dass Lila seit nunmehr vier Jahren Single und ziemlich unglücklich damit ist. Diese creepy Sex-Plattform schien sie nun als so etwas wie ihre letzte Chance anzusehen. Deshalb hatte sie sich letzte Woche mit »Tröpfchen« zum Sex verabredet, der auf seinem Profilfoto ein bisschen aussah wie eine Kreuzung aus dem jungen Phil Collins und Wladimir Putin. In seinem Steckbrief hatte er laut Lila aufgeführt, dass er Frauen gerne untenherum massiere – mit ganz viel Öl. Yoni-Massage nenne man das. Das komme aus dem Tantra. »Er hat mir schon bei unserem ersten schriftlichen Austausch erzählt, dass es ihn antörnt, Frauen mit seinen magischen Händen zu beglücken – mit Happy End, wenn es sich ergibt.« Lila strahlte übers ganze Gesicht. »Also habe ich mich mit ihm getroffen. Und kaum dass ich wusste, wie mir geschah, lag ich auf meinem Bauch, und er fing an, mir den Slip runterzuziehen.« Sie kicherte jetzt wie ein Schulmädchen. »Dann hat er angefangen, mich ... anzufassen.« Offenbar hatte es ihr gefallen.

Ich hingegen war schockiert. »Du hast dir schon nach drei Minuten von irgend so einem dahergelaufenen Freak aus dem Internet einen Hand-Job verpassen lassen? Holy shit!«

»Yoni-Massage, bitte.«

»Fingern.«

»So war es nun wirklich nicht. Das Ganze hat Stunden gedauert!«

»Okay. Und es war gut, oder wie?«

»Schon.«

»Okay, freut mich für dich. Aber sei bitte ein bisschen vorsichtiger. Keiner weiß, welche Masche die Serienkiller von heute gerade so fahren.«

»Ja, ja.«

»Und was ist nun mit dem anderen Typen?«

»Mit dem treffe ich mich morgen.«

»Auch für einen Hand-Job?«

»Nee, für ein Rollenspiel. Wir sind in einer Bar verabredet. Ich verkleide mich als Kim Kardashian, und er macht einen auf Kanye West.«

»Den Hintern hast du.«

»Eben.«

»Gut, aber pass auf dich auf.«

Schnelle, anonyme Sexabenteuer passten nämlich gar nicht zu Lila, die übrigens wirklich ein bisschen so aussah wie Kim Kardashian. Außerdem wurmte es mich, dass so viele meiner rattenscharfen Freundinnen online nach Sexpartnern suchen (mussten). Was war bloß los mit den Männern? Traute sich keiner mehr, eine heiße Frau in einer Bar, im Supermarkt oder bei einem Konzert anzuquatschen? Offenbar nicht, denn in meinem Bekanntenkreis dreht sich neuerdings alles nur noch darum, wer wie viele Tinder-Matches hat und ob darunter auch B- oder C-Promis sind.

Meine Freundin Nora hat unter ihren aktuellen 568 Tinder-Matches tatsächlich zwei B-Promis. Einer ist ein ehemaliger Soap-Star und Dschungelcamper, der andere war mal Frontmann einer Popband, die in den Neunzigern einen Nummer-1-Hit in Deutschland hatte. Nora hat sich mit beiden getroffen. Zuerst mit dem Soapie. Nach zwei recht unterhaltsamen Stunden ließ er sie zuerst die gesamte Rechnung zahlen (»Ups, Portemonnaie vergessen!«) und im Anschluss das Taxi zu seiner schmuddeligen Zwei-Zimmer-Bude – benutztes Geschirr, ungemachtes Bett, Pizzareste sowie ein uraltes *Bravo*-Poster mit ihm selbst drauf, eine traurige Reliquie aus der Zeit, als ihm die Frauen noch scharenweise hinterherliefen. In seinem Schlafzimmer schaltete der Wicht sofort seine Webcam an und forderte meine Freundin auf, sich auszuziehen, er wolle sie jetzt richtig durchnehmen. Als sie sich weigerte, wurde der »Soapie« ungemütlich. »Weißt du eigentlich, wer ich bin? Du kannst stolz sein, dass du mit so jemandem wie mir poppen darfst!« Während er gierig den Zoom einstellte, ergriff meine Freundin gerade noch rechtzeitig die Flucht.

Der Popstar war auch nicht besser. Die beiden hatten sich in einer Bar verabredet. Nachdem der Abend halbwegs nett begonnen hatte und sogar ein bisschen geknutscht worden war, versuchte der einstige Chartstürmer meine Freundin doch glatt zu einer schäbigen Nummer auf dem örtlichen Klo zu überreden. Begründung: »Bei mir zu Hause ist es gerade ganz schlecht. Ich war mal ein Messie, weißt du? Na ja, bin es noch. Therapie wirkt noch nicht so gut. Den Geruch und so, das würdest du nicht verkraften, schätze ich.« Ich muss wohl nicht erwähnen, dass Nora postwendend Reißaus nahm.

Und die Moral von der Geschichte? Bleib nicht zu lange allein. Gönn dir alle paar Monate ein zwangloses Date. Das ist gut für dein Selbstbewusstsein und sorgt für Ausgeglichenheit. Sonst vereinsamst du, wirst kauzig und notgeil und landest am Ende noch bei »Schwer verliebt« oder »Schwiegertochter gesucht«.

Wer sich jetzt unsicher sein sollte, kann sich mal folgende fünfzehn Anzeichen durchlesen, die beweisen, dass man schon viel zu lange allein (und untervögelt) ist:

1. Von den aktuell 111 953 958 Klicks auf YouTube für *It Must Have Been Love* von Roxette sind 102 765 895 von dir.
2. Du kannst nichts dagegen tun, dass die neue Calvin-Klein-Unterwäschewerbung mit Justin Bieber dich irgendwie … geil macht.
3. Du hast alle Serien, die bei Netflix innerhalb der letzten drei Wochen hochgeladen wurden, schon komplett gesehen. Manche sogar mehrfach.
4. Du hast dir den neuen Oralsex-Simulator ORA 2 von LELO bestellt und bist mit deinem Sexleben eigentlich total zufrieden.
5. Du findest Donald Trump (wenn er die Klappe hält) gar nicht mal so unattraktiv.
6. Die Menschen, zu denen du aktuell den engsten Kontakt hast, sind der Pizzabote, die Kioskbesitzerin und dein Dealer, denn du hast wieder angefangen zu kiffen. Und du hast zugenommen – mindestens sechs Kilo; aber wen kümmert das schon.
7. Dir ist sogar Tinder zu anstrengend.
8. Du hast dir angewöhnt, dich übers Wochenende bei deinen Eltern einzuquartieren. Dort bekommst du wenigstens eine warme Mahlzeit, frischgewaschene Wäsche und Zuneigung for free.
9. Du klickst dich so lange durch Facebook, bis du deine

erste große Liebe gefunden hast, und schreibst sie an. Aufgrund des Inhalts deiner Nachricht wirst du kurz darauf von Facebook gesperrt.

10. Du hast ein neues Hobby: Guerilla-Stricken. Schon den halben Stadtpark hast du mit bunter Wolle »verschönert«. Wenn du dort fertig bist, machst du im Wald weiter.

11. Du läufst schon rot an, wenn dich der Busfahrer (OMG! Ein MANN!!!) nach deiner Fahrkarte fragt.

12. Du denkst ernsthaft darüber nach, eine zwölfmonatige Premiummitgliedschaft bei dieser Online-Flirtplattform für »Eliten« abzuschließen. Leider erfüllst du die Anforderungen nicht.

13. Du googelst Sachen wie »der perfekte Kuss« und »gut im Bett«, weil du gar nicht mehr genau weißt, wie das alles noch mal ging.

14. Jemand witzelt, dass du dich ja mal als »Bachelorette« oder »Bachelor« bei RTL bewerben könntest, und du antwortest selbstvergessen: »Hm. An wen müsste ich mich denn da wenden ...?«

15. Du hast (wieder) angefangen, mit deinen Kuscheltieren zu sprechen; deiner alten Diddl-Maus raunst du zu: »Auf dich kann man sich wenigstens verlassen, mein Schatz.«

Regel Nr. 1: Es geht nichts über verquarzte Eckkneipen, um (unauffällig) auf Partnersuche zu gehen.

Regel Nr. 2: Versuch's mit Digital Detox, und schau deinen Mitmenschen zur Abwechslung mal wieder tief in die Augen. Und versuche, dabei möglichst NICHT wie ein Psychopath zu wirken.

Regel Nr. 3: Regelmäßige, zwanglose Dates halten Singles geschmeidig.

U wie Urlaubsaffäre

Was auf den Bahamas passiert, bleibt auf den Bahamas

Im Urlaub ist einfach alles besser. Auch der Sex. Zumindest bildet man sich das ein. Aber das reicht ja schon.

Ein kleiner Club in Nassau Downtown. Wummernder Reggae-Beat, schweißnasse Haut.

Jemand kippt mir seinen Tequila versehentlich über den Arm – angenehm kühl. Ich lecke das Zeug von meiner Haut. Mehr davon!

An der Bar riecht es nach Kokosöl, Meer und Mango. Ich ziehe ein paar Dollarscheine aus meinem Ausschnitt und lege sie auf den Tresen.

Neben mir steht ein Mann mit Nasenpiercing. Er schiebt die Scheine zurück in meine Richtung. »Ich würde dich gerne einladen!« Okay, denke ich mir, solange ich dafür nichts weiter tun muss ...

Mein Blick schweift über die Tanzfläche. Ein Paar steht im Mittelpunkt der Aufmerksamkeit. Er steht hinter ihr, sie reibt ihr imposantes Hinterteil an seinem Schritt.

Der Mann neben mir zieht mich auf die Tanzfläche. Es geht los, und ich bin mittendrin. Fühle fremde Hände auf meiner Haut. Sie wiegen meine Hüften im Takt.

Noch mehr Tequila! Den Shot trinken, an der Zitronenscheibe saugen, sich gegenseitig das Salz von der Haut lecken. Wie war noch mal sein Name? Und meiner? Egal! Heute Nacht sind wir ein Liebespaar. In Nassau will sich keiner selbst finden, sondern sich selbst vergessen. Man fühlt sich frei, hat plötzlich Lust, sich zu verlieben und es mit dem nächstbesten attraktiven Einheimischen am Strand zu treiben. Geblendet von Sonnenuntergängen, Cocktails und exotischer Musik, bildet man sich ein, der Disco-Flirt sei etwas ganz Besonderes. Dass der Sex bloß durchschnittlich, ja vielleicht sogar richtig mies ist, will man vor Ort noch nicht so richtig wahrhaben. Ist ja schließlich Urlaub, da soll alles perfekt sein.

Entsprechend melodramatisch gestaltet sich auch der Abschied von so einer Urlaubsaffäre:

SIE: »Werden wir uns jemals wiedersehen? Wir müssen!«
ER: »Ich kann nicht mehr ohne dich leben, mi amor. Ich werde nach Deutschland kommen, so schnell ich kann.«
SIE: »Oh, Julio, das wäre so *amazing*. Bitte nimm mich jetzt, als wäre es das letzte Mal ...«

Wieder zu Hause, ist man erst einmal hart auf Entzug und wünscht sich dieses wunderbare *Bacardi Feeling* zurück. Die Lösung scheint einfach: Er oder sie muss zu Besuch nach Deutschland kommen! Gesagt, gebucht.

Das böse Erwachen kommt erst, wenn Julio, Carlos oder Xavier vier Wochen später TATSÄCHLICH vor deiner Tür stehen. Und ihr fünf volle Tage bei nasskaltem Aprilwetter in deiner Ein-Zimmer-Butze aufeinanderhockt – ohne Animateure, ohne Flatrate an der Cocktailbar, ohne Sonnenuntergänge am Strand. Das kann recht ernüchternd sein.

SIE: »Und? Was wollen wir heute machen?«
ER: »Ich würde so gerne in dieses eine Museum ...«
SIE: »Schon wieder Museum? Uff. Muss ich da mit?«
ER: »Gut, dann bleiben wir zu Hause und machen Liiieebe.«
SIE: »Uff. Schon wieder? Du, ich kann noch gar nicht wieder ...«

So allmählich fängt deine »Liebe« an, dir mit ihren schmachtenden Blicken auf den Senkel zu gehen, und du denkst: Verdammt ... Keine Schmetterlinge im Bauch mehr. Dafür jede Menge mittelmäßiger Sex (dein alter Futon ist eben nur halb so komfortabel wie das riesige Queensize-Bett in deiner Hotelsuite), anstrengende Konversationen in gebrochenem Englisch sowie stundenlange Museumstouren. Immerhin ist es sein erster Besuch in Germany, und da will er natürlich auch was von der Kultur und den Menschen sehen! Zu dumm, dass du bloß in Bielefeld wohnst ...

Das Ende vom Lied: Du spielst mit dem Gedanken, ihm für die letzten Tage ein Hotel zu bezahlen – und zwar weit, weit weg von deiner Wohnung. Aber das traust du dich dann doch nicht und kaufst dir stattdessen eine Flasche Rum. Dann halt auf diesem Wege: *Bacardi Feeeeeeliiing!*

Regel Nr. 1: Im Urlaub bist du eine entspanntere Version deiner selbst und siehst gnädig über kleinere und größere Pannen hinweg. Es gilt: Selbst wenn der Sex mies ist, ist es immerhin noch Sex am Strand.

Regel Nr. 2: Lade deinen Urlaubsflirt niemals und unter keinen Umständen in deine Heimatstadt ein. Ohne Kingsize-Bett und Flatrate an der Cocktailbar wird euch schneller die Decke auf den Kopf fallen, als du »Lambada« sagen kannst.

Regel Nr. 3: Der Gipfel der Sexyness im Urlaub? Getrennt anreisen, zwei separate Zimmer (damit jeder sein eigenes Bad hat) buchen – und sich abends zu heißen Dates an der Hotelbar verabreden.

V wie Verhütung

Pille? Chip im Arm?
Oder lieber gar nichts?

Neulich habe ich in der *Emotion* (Heft 06/15) einen Artikel gelesen, der mich echt schockiert hat. Es ging um die Folgen der hormonellen Verhütung. Forscher glauben, das starke Ansteigen der Scheidungsraten in den letzten Jahrzehnten könnte damit in Zusammenhang stehen. Unter dem Einfluss von Pille und Co. würden sich Frauen öfter in andere Männer verlieben als ohne diesen Einfluss. Besonders erschreckend und verrückt ist die Erkenntnis, dass kaum eine Frau ihren Partner nach dem Absetzen ihrer Pille noch attraktiv finde. Diese beeinflusse nämlich den Geruchssinn, was dazu führe, dass die Frauen ihren Mann nicht mehr riechen könnten.

WTF?!? Und da soll sich noch mal einer über die »Generation beziehungsunfähig« wundern. Denn die meisten Frauen in meinem Alter, also in den frühen Dreißigern, stellen sich die Frage, ob sie es nach fünfzehn Jahren auf Hormonen nicht mal wieder »clean« probieren wollen – auch im Hinblick auf einen möglichen Kinderwunsch. Aber wenn das stimmt, was die Forscher sagen (wovon auszugehen ist), wird das mit dem Kinderwunsch erst mal nichts, weil die Frauen, die sich unter dem Einfluss der Pille in ihren Partner verliebt haben, nach deren Absetzen das Gefühl haben, sie würden auch eine rosarote Brille absetzen. Viele Frauen seien regelrecht schockiert von dem Typen, den sie sich da »auf Droge« ausgesucht haben, heißt es; ein Gefühl wie der scheußlich verkaterte Morgen nach einem One-Night-Stand. Frauen mit natürlichem Zyklus würden um den Eisprung herum auf maskuline Männer mit Tendenz zum Macho stehen, in anderen Zyklusphasen hingegen auf den zuverlässigen Versorger. Pillenfrauen würden zuverlässige Männer präferieren, die sie sich auch gut als Kindesväter vorstellen könnten. Dadurch, dass ihr Körper durch die Einnahme der Pille ja nonstop denke, er sei schwanger, entstehe ein überhöhtes Bedürfnis nach Sicherheit. Nach dem Absetzen der Pille denken viele dann: Wer ist denn dieses Weichei?

Das ist nicht die einzige Schreckensmeldung jüngeren Datums über die Pille. Ausgerechnet die Pille, die ich jahrelang genommen habe, soll besonders gefährlich sein und Schlaganfälle und Thrombosen auslösen, las ich letztes Jahr in der Zeitung. Hinzu kommt, dass Frauen in meiner Familie ein erhöhtes Risiko in sich tragen, an Thrombose zu erkranken. Also setzte ich sie umgehend ab – und bin seitdem mehr oder weniger »clean« und ratlos. Wie sollen wir bloß anständig verhüten, wenn die Antibabypille auf einmal so gefährlich ist? Kondom? Nervt auf Dauer. Vaginalring? Nervt noch mehr. Spritzen in den Hintern? Aua! Chip im Arm? Igitt! Spirale? Das reinste Gemetzel. Temperatur messen? Zu unsicher. Pille für den Mann? Noch nicht ausgereift. Verdammt, ich glaube, uns bleibt außer Coitus interruptus nur eins: Enthaltsamkeit.

Regel Nr. 1: Wenn du die Pille nimmst, verliebst du dich automatisch in zuverlässigere Männer. Wenn du »clean« bist, neigst du zu den Bad Boys.

Regel Nr. 2: Verlieb dich nie in einen Mann, wenn du die Pille nimmst. Deine Gefühle sind nämlich nicht echt! Aber wie soll das gehen …?

Regel Nr. 3: Kondome sind klasse. Hör nicht auf diese Memmen, die darüber jammern, dass sie mit Gummi nichts spüren oder schlechter kommen. Echte Männer behalten das Wesentliche im Fokus: eine zuverlässige Verhütung.

V wie Volkskrankheiten 2.0

Postkoitaler Hypochonder oder schizophrener Nymphomane?

Im Laufe deines Lebens kann es passieren, dass du sexuelle Beziehungen mit Leuten eingehst, die unter eigenartigen Verhaltensstörungen leiden. Damit du weißt, womit du es im Zweifel zu tun hast, hier mal eine kleine Auflistung der häufigsten Macken:

Klitorisgesteuert

Schwanzgesteuerte Männer erfreuen sich seit jeher gesellschaftlicher Akzeptanz. Was viele nicht ahnen: Auch Frauen leiden von Zeit zu Zeit unter jenem wahnhaften Zustand, in dem nicht mehr der Kopf entscheidet, was im Leben Priorität hat, sondern einzig der Unterleib.

Symptome: Ausgelöst wird dieser Zustand in der Regel von besonders gutem Sex mit einer ganz bestimmten Person. Die Betroffene ist dann sozusagen angefixt, und fortan dreht sich alles nur noch darum, wann und wie sie an die nächste Dosis kommt.

Heilungschancen: Sobald die Betroffene und das Objekt

ihrer Begierde eine gewisse Regelmäßigkeit in ihre Beziehung gebracht haben und damit der Zugang zur »Droge« dauerhaft gesichert ist, beruhigt sich das Hormonchaos wieder.

Schizophrener Nymphomane

Betroffene können sich aufgrund ihrer tief verankerten konservativen Moralvorstellungen nicht dazu bekennen, was sie eigentlich sind: notgeile kleine Sexmonster!

Symptome: Der Gedanke an Sex dominiert ihren gesamten Alltag. Um ihn zurückzudrängen, sind schizophrene Nymphomanen oft krankhaft ehrgeizig. Überstunden sind für sie ein Segen, weil diese sie davon abhalten, in Bars auf Beutezug zu gehen. Sobald sie unter Alkoholeinfluss stehen, brechen jedoch alle Dämme, und es kommt innerhalb kürzester Zeit zu wilden Fummeleien mit völlig Fremden. Zur Vereinigung kommt es allerdings nie, weil sie stets rechtzeitig aus ihrem Rauschzustand erwachen (»Scheiße, was mache ich hier eigentlich?«) und die Flucht ergreifen.

Heilungschancen: Sie können Sex erst genießen, wenn er aus ihrer Sicht »legal« ist – und zwar nach der Hochzeit.

Der Selbstgeißler

Er stellt sein trauriges Liebesleben öffentlich zur Schau, indem er wirklich JEDEM erzählt, wie unglücklich und frustriert er gerade ist. Ohne das heulende Emoji läuft bei ihm nichts.

Ein typischer Fall: Der Selbstgeißler ist seit einer gefühlten Ewigkeit unglücklich in jemanden verliebt, der ihm bereits eine Abfuhr erteilt hat. Akzeptiert hat er das allerdings noch nicht.

Heilungschancen: Der Betroffene sollte noch einen letzten Versuch starten und seinem Herzensmenschen offenbaren, dass mittlerweile zwar einige Jahre ins Land gezogen sind, aber er ihn immer noch so sehr will, dass es wehtut. Das müsste jenen eigentlich beeindrucken. Wird er für einen kurzen Moment schwach, sollte der Betroffene das knallhart ausnutzen und mit ihm schlafen. Es besteht immerhin die Chance, dass der oder die von ihm Angebetete total mies im Bett ist. Sollte dem so sein, kommt der Selbstgeißler wenigstens schnell über ihn hinweg. Sollte der Sex hingegen bombig sein, wird vielleicht sogar mehr daraus.

Nervöser Bettflüchtling

Die Vorstellung, mit jemandem das Bett zu teilen, löst bei ihm blanke Panik aus. Bereits kleinste Störungen, etwa durch lautes Atmen, machen ihn halb wahnsinnig. Erholsamer Schlaf ist für den Betroffenen (der häufig in anspruchsvollen Jobs arbeitet) das A und O. Deshalb bleibt er bzw. sie NIE über Nacht.

Symptome: Nach dem Sex wälzt er sich gestresst hin und her. Er weiß, wie sehr er den Sexpartner vor den Kopf stößt, wenn er JETZT abhaut, weil es die gemeinsame Nacht automatisch abwertet. Also liegt er die ganze Nacht mit klopfendem Herzen und weit aufgerissenen Augen da.

Entspannung? Gleich null. Deshalb ruft er sich meist gegen vier Uhr morgens doch noch ein Taxi und haut ab.

Heilungschancen: Der DAK-Gesundheitsreport 2017 belegt, dass 80 Prozent der Erwerbstätigen in Deutschland unter Schlafstörungen leiden. Häufigster Grund: Schatzi schnarcht. Trotzdem wollen viele Paare nicht auf ein Doppelbett verzichten. Ihre Befürchtung: Wenn man sich nicht mehr so häufig auf »natürlichem Wege« zwischen den Laken begegnet, hat man auch weniger Sex. Unsinn! Schließlich gibt es noch haufenweise Küchentische, Badezimmer und bequeme Sofas, auf denen man es treiben kann. Deshalb lautet die einzige vernünftige Lösung: getrennte Schlafzimmer.

Postkoitaler Hypochonder

Er hasst sich selbst dafür, dass er dir verfallen ist, weil er noch in einer anderen Beziehung feststeckt.

Symptome: Nachdem ihr den Akt aufs Leidenschaftlichste vollzogen habt, dämmert dem PH allmählich, was er getan hat. (»Oh Gott, wie konnte ich nur …?«) Melodramatisch rennt er ins Bad und schrubbt sich den »Schmutz« von der Haut und entschwindet, ohne dich noch eines weiteren Blickes zu würdigen. Doch keine Panik: Spätestens nach drei Tagen bombardiert er dich wieder mit sehnsüchtigen SMS.

Heilungschancen: Wenn du echte Gefühle für einen PH hegst, musst du ihm eine knallharte Ansage machen: Entweder du entscheidest dich für mich, oder unsere Affäre ist beendet! Offenbare ihm deine Gefühle, denn der PH ist ein kleiner Angsthase. Er braucht Sicherheit und entscheidet sich nur für dich, wenn du ihm den sicheren Hafen einer festen Beziehung bieten kannst.

Sex-Vampire

Sie haben nur Sex, wenn sie sich davon einen Vorteil erhoffen.

Symptome: Dank ihrer Verführungskünste und erotischen Ausstrahlung ist es »Vampiren« (meist Frauen) stets ein Leichtes, ihr Opfer um den Finger zu wickeln. Fast unmerklich holen sie sich das, was sie brauchen, und ehe ihr Opfer sichs versieht, wird es auch schon wieder fallengelassen. In einem Interview mit *Welt Online* am 13.10.2015 erklärt der Sexualtherapeut Christoph Ahlers: »Männer suchen Sex in allererster Linie aus Gründen der Selbstbestätigung. Frauen sind deutlich vielfältiger motiviert. Sehr oft ist Sex ein Mittel zum Zweck, ein Zahlungsmittel, auch in Beziehungen. Um nach einem Streit negative Gefühle zu beseitigen. Um eine Bindung strategisch zu etablieren. Aus Langeweile. Um materielle Vorteile zu bekommen. Um anderen eins auszuwischen. Um den eigenen Marktwert zu erproben.«

Heilungschancen: Vampire bleiben meist ihr ganzes Leben lang rücksichtslose Blutsauger, die unfähig sind, eine Beziehung »nur« der Liebe wegen einzugehen. Damit schaden sie am allermeisten sich selbst.

W wie Walk of Shame

Ohne Wechselschlüppi ins Büro

Um 17.43 wacht sie orientierungslos auf einer speckigen Matratze auf und ist in allererster Linie von sich selber angewidert. Ihr Blick fällt zuerst auf den vollen Aschenbecher, dann auf die Crackpfeife, dann auf drei Kondome, aus denen (immer noch?) Sperma läuft, schließlich auf IHN. Wer ist das? Was macht sie hier? Ist das sein Saft? Oder gehört er dem Typ mit Vollbart, der da drüben auf dem Sofa pennt? Oder beiden?

Gott, wie die Situation sie schon wieder anödet. Gerade hat sie noch geträumt. Sie war schwanger von ihrem Bruder, im neunten Monat oder so. Ekelerregend!

Sie tippt den Typen neben sich mit dem Fuß an. »Du, äh, hi, ähm, sag mal, wo is 'n hier die nächste Bahnstation?«

Er grummelt irgendwas von »schräg gegenüber« und ob sie denn schon gehen wolle. Man könne doch noch … blabla.

Sie steht wortlos auf, greift nach dem erstbesten T-Shirt und verlässt den Raum.

So weit die Schilderung einer glamourös-abgefuckten Szene, wie sie in diesem Land täglich tausendfach abläuft: des Walk of Shame nach einer durchsoffenen und durch-

vögelten Nacht. Der Weg nach Hause nach einem unge-
planten One-Night-Stand ist besonders schlimm unter der
Woche für Leute, die morgens früh rausmüssen, Kontaktlinsen tragen und/oder ohne Mascara scheiße aussehen. So
wie ich.

Wie kann man also verhindern, dass man am Morgen
nach einem solchen One-Night-Stand völlig desorientiert
und ungewaschen dasteht? Zunächst sollte man vor jeder
abendlichen Verabredung gnadenlos ehrlich zu sich selbst
sein und immer mit dem Krassesten rechnen, was passieren könnte. Wenn wir insgeheim ganz genau wissen, dass
wir dringend mal wieder gefickt werden wollen, dann
sollten wir auch vor uns selbst dazu stehen. Daran ist absolut nichts Verwerfliches! Im Gegenteil: Natürliche Lust
ist etwas ungemein Wertvolles. Sobald wir das endlich ge-
schnallt und es uns selbst eingestanden haben, kommt
Schritt zwei: Einfach vor dem Date vorsorglich Zahnbürste,
Schminke, Schlüpper und Co. in der Damenhandtasche
verstauen. Wer nicht naturschön ist, braucht möglicherweise einen Rucksack statt 'ner Clutch. In dem Fall müssen
wir abwägen, was uns unangenehmer ist: mit dem halben
Hausstand in der Cocktailbar aufzuschlagen (idealerweise
mit der Ausrede »Ich komm direkt vom Sport!«) oder sich
konsequent auf den Walk of Shame zu begeben, wie Kate
Moss es getan hätte, mit Ersatzbrille für den Notfall in der
Seitentasche. Egal, was passiert: Schlaf bloß nicht mit den
blöden Linsen ein, sonst hast du am nächsten Morgen so
rote Augen wie Sam Semilia. Schau dir lieber »Pretty Wo-
man« und ihre Kolleginnen an: Die benutzen Bauchtaschen
und hohe Stiefel als Stauraum oder stecken sich wichtigen
Kram ganz einfach in den BH oder die Socken.

Regel Nr. 1: Wer vögeln kann, kann auch arbeiten. Zur Not ungeschminkt.

Regel Nr. 2: Gesteh dir rechtzeitig ein, was du dir von deinem Date erhoffst (Sex! Sex! Und noch mal Sex!), und statte deine Handtasche dementsprechend aus.

Regel Nr. 3: Deine ganzen Beautyprodukte passen bloß in einen großen Rucksack? Dann sag deinem Date einfach, dass du gerade vom Sport kommst. Das ist sexy.

W wie Weisheiten einer Legende

Beziehungstipps von Tausendsassa Dietrich Kuhlbrodt

Dem vorwitzigen Leser wird aufgefallen sein, dass meine sogenannten Regeln am Ende jedes Textes mal mehr, mal weniger ernst zu nehmen sind. Das liegt daran, dass ich mit Anfang dreißig leider (noch) nicht zu jedem Thema – etwa der Ehe – eine ultimative Weisheit für euch parat habe. Aber zum Glück kenne ich eine wirklich interessante Persönlichkeit, die mich jedes Mal, wenn wir uns sehen, mit ihrem Erfahrungsschatz beeindruckt. Es handelt sich um einen 84-jährigen Mann, der sich aufgrund seines bewegten Lebens als Film- und Theaterschauspieler (unter anderem für Christoph Schlingensief und Lars von Trier), Performance-Künstler (Hgich.T), Autor, ehemaliger Oberstaatsanwalt der Stadt Hamburg und Nazijäger (!) mit so ziemlich JEDER zwischenmenschlichen Materie auskennt. Es folgt die Aufzeichnung eines Gesprächs über Treue, Tinder und Toleranz mit dem wunderbaren Dietrich Kuhlbrodt:

Dietrich, du warst fünfzig Jahre verheiratet und schwärmst heute noch von deiner Ehefrau. Ich habe Freunde, die halten es nicht einmal fünfzig Tage mit derselben Person aus. Was macht meine Generation falsch?

Viele haben zu hohe Erwartungen an eine Beziehung und sagen Sachen wie »Das hab ich mir aber anders vorgestellt!«. Sie haben ein festes Bild von der Beziehung im Kopf, von dem der andere gar nichts weiß. Der muss dann sagen: »Du hast dir ein Wahngebilde gebaut – aber ICH bin die Realität, also freunde dich damit an oder geh.«

Wie sah eure Realität als Ehepaar und Eltern aus?

Wir haben uns immer gut mit unseren Kindern verstanden, weil wir sie nicht autoritär erzogen haben. Sie haben nie »Papa« oder »Mama« zu uns gesagt, sondern uns mit unseren Vornamen angesprochen. Das hält jung! Meine Frau hat immer zu mir gesagt: »Bleib so, wie du bist, Dietrich. Bloß weil du jetzt Kinder hast, musst du dich nicht plötzlich wie ein ›Vater‹ verhalten und ich mich nicht wie eine Hausfrau und Mutter. Wir bleiben die, die wir sind.«

Findest du Heiraten heute noch zeitgemäß?

Eine Heirat führt aus meiner Sicht eher dazu, dass man sich in die Haare bekommt. Alles, was mit Angepasstheit und Regeln zu tun hat, ist nicht gut. Deshalb sind Brigitte und ich auch gegen alles angegangen, was als »normales Paarverhalten« galt. Wir hatten nie das Gefühl, ein »Programm« absolvieren zu müssen, weil wir jetzt ein verheiratetes Paar waren.

Wie wichtig war euch Sex?

Wir haben viel ausprobiert. Einmal hat Brigitte eine große Papprolle in unserem Wohnzimmer ausgerollt und Farbe darauf ausgeschüttet. Dann haben wir uns nackt darauf herumgekugelt und unsere Körper so darauf verewigt. Plötzlich kamen allerdings die Kinder rein, haben sich aber gar nichts dabei gedacht, sondern wollten selbstverständlich mitmachen! Und so rollten wir dann mit der ganzen Familie nackt auf der Papprolle herum.

Wie oft hattet ihr Sex?
Jeden Morgen, wenn ich nicht arbeiten musste, taten wir es. Einmal lag ich gerade auf ihr und war kurz davor, in ihr zu kommen – da platzten die Kinder ins Schlafzimmer, sahen uns da beim vermeintlichen Herumtoben und wollten schon wieder mitmachen. Ein Kind ist dann auf mich gesprungen – und ich war so tief in Brigitte wie noch nie!

Wie wichtig war euch Treue?
Es gab Ausrutscher. Wir haben aber nicht darüber geredet. Wir hatten immer diese Grundsicherheit, dass wir beide niemals jemand anders in unsere Herzen lassen würden.

Was hat eure Beziehung lebendig gehalten?
Das größte Geheimnis war, dass wir ständig Kontakt zu spannenden Leuten gesucht haben. Wir waren immer offen für neue Eindrücke, ohne ständig zu sagen: »Wir sind ja so offen!«

In deinem Umfeld hast du bestimmt reichlich Ehen scheitern sehen, oder?
Klar! Oft meinten die Männer, sie könnten ihren Frauen sagen, wo es langgeht. Aber das ist ein Trugschluss! Die

Frauen »brauchen« ihre Männer doch heute gar nicht mehr. Das fördert natürlich Beziehungskrisen.

Fehlt den heutigen Beziehungen die Leichtigkeit?
Bringt man Liebe und Partnerschaft zusammen, hat man schon verloren. Dann wird aus dem Spielerischen nämlich etwas Ernsthaftes. Ich hatte neulich mal Besuch von einem 28-jährigen Filmstudenten, der eine Doku über mich drehen wollte. Er hat ein paar Tage bei mir gelebt. Da habe ich mitbekommen, dass er sich abends um 19 Uhr mit einem Mädchen treffen wollte. Er sagte zu mir: »Die ist so toll. Da könnte eine richtige Partnerschaft draus werden!« Dann bekam er eine SMS von ihr, dass es eher 20 Uhr werden könnte. Dann 21 Uhr. Dann 22 Uhr. Und schließlich schrieb sie: »Damit es richtig schön wird, sollten wir uns heute gar nicht mehr treffen, sondern in einer anderen Nacht.« Da wurde er total sauer und fragte mich: »Wie soll es denn erst mit uns in einer Beziehung werden, wenn sie jetzt schon so unzuverlässig ist?« Da habe ich gesagt: »Junge, jetzt entspann dich mal. Hör auf, von Partnerschaft zu reden. Genieß doch erst mal das Anfangsspiel!«

Regel Nr. 1: Wer mit festen Vorstellungen in eine Partnerschaft geht, hat schon verloren.
Regel Nr. 2: Bleib dir selbst treu. Nur weil du heiratest oder Kinder bekommst, musst du dich nicht plötzlich anders oder »erwachsen« verhalten.
Regel Nr. 3: Versuche niemals, deinen Partner zu verbiegen. Akzeptiert euch so, wie ihr seid, mit allen Schwächen.

W wie We-Vibe 4 Plus

Zehn goldene Regeln für Cybersex

Sie sitzt auf der Terrasse eines Restaurants in Panama, genauer gesagt, im Karibikstädtchen Bocas del Toro. Urlaub. Ihr Freund hatte leider weder Zeit noch Geld, sie zu begleiten. Nun denn, lässt sie es eben allein krachen. Manchmal muss man halt kreativ werden, wenn man an fernen Orten als Alleinreisende auf seine Kosten kommen möchte.

Zum Beispiel mit Einheimischen. Der Kellner, der für sie zuständig ist, heißt José. Er muss einen albernen roten Papphut tragen, auf dem »El Pollo Loco« steht, und grinst sie schon seit geraumer Zeit an. Jedes Mal, wenn er an ihren Tisch kommt, stellt er ihr irgendeine Frage: »Where are you from?«, »What's your name?«, »Do you have a boyfriend?«.

Herrje, sie will doch bloß etwas essen. Etwas typisch Panamaisches, bitte schön. José empfiehlt ihr den »Bocas del Toro Mix«, eine bunte, vor Fett triefende Zusammenstellung aus allem, was man in eine Fritteuse schmeißen kann. Egal, Hunger!

José steht in der Tür und beobachtet sie beim Essen. »You like?« Äh, ja. Ganz gut. »Want more?« Nee, erst mal nicht. »Why are you alone?« Nur so. »You want me to be your boyfriend?« Definitiv nein. »I think I love you.« Nö, glaub ich nicht. Echt nicht. »I really do!« Nein. »Really!«

Okay. Dann beweise es, sagt sie leise zu ihm. Schmeiß deinen dämlichen Hut da drüben in die Mülltonne, und komm jetzt sofort mit mir mit. »Nein, nein, das geht nicht ...« Dann liebst du mich also gar nicht wirklich? »Dooooch! Really!« Dann komm. Los! »Na gut ...«

José schmeißt seinen Hut tatsächlich weg, bindet sich seine Schürze ab und folgt ihr in ihr Hotel, das gleich um die Ecke liegt. In ihrem Zimmer angekommen, setzt sie sich auf ihr Bett und verlangt von dem etwa 22-Jährigen, dass er für sie bellt wie ein Hund. Er tut es und klingt wie ein fiepender Welpe.

»Ich will kein Hundebaby, ich will einen Kampfhund«, empört sie sich. »Lauter! Aggressiver! Mach mir Angst!«

Er tut, wie ihm geheißen, und kläfft sich die Seele aus dem Leib. Großartig! Panama gefällt ihr bis jetzt richtig gut. Das könnte der beste Urlaub aller Zeiten werden. Fröhlich bindet sie José mit seinem Gürtel am Bett fest, packt ihren Koffer und checkt aus.

Okay, zugegeben, die letzte Sequenz hat sie sich ausgedacht. Bloß José gibt es wirklich, und tatsächlich sitzt sie immer noch gelangweilt auf ihrem schattigen Plätzchen auf der Terrasse von »El Pollo Loco« und malt sich absurde Situationen aus. Vier Wochen Karibik liegen vor ihr – ohne Sex. Und das nervt, weil klapprige panamaische Wifi-Hotspots in nächster Zeit das Einzige sein werden, das sie mit ihrem Freund in Deutschland verbindet. Und der We-Vibe 4 Plus ist – aufgepasst, Herrschaften! – ein Vibrator für Paare, den ihr Freund von überall auf der Welt per App anwerfen und steuern kann. Er entscheidet damit, wann und wie oft sie kommt. Das ist mal eine Innovation, findet sie.

Natürlich muss sie für den Gebrauch des Geräts in ihrem Hotelzimmer sein. Und WLAN haben. Sie könnte das Teil natürlich auch beim Sightseeing, im Urwald oder am Strand mit sich herumschleppen und sich – sobald es in ihrem Rucksack vibriert – schnell ein ruhiges Plätzchen suchen. Mal sehen, wie sie das die Tage so regeln würde. In jedem Fall darf sie das Gerät nicht verlieren oder kaputtmachen.

Zurück in ihrem Hotel, versucht sie an der Rezeption (eine Holzhütte am Strand), die wichtigsten Fakten zu klären: »Do you have Wifi? Internet? WLAN? Esta Wiiifiii?«, ruft sie dem schnurrbärtigen Typ zu. Aber der grinst nur frech. »Internet? Whyyyyy? Genieß doch lieber den schönen Ausblick, Chica!«

Chica? Bei dem hackt's wohl. »Señor, ich habe gleich ein Skype-Date mit meinem Freund, klar? Das ist veeery important für uns, weil wir uns schon veeery long nicht mehr gesehen haben. Comprende?«

Seit anderthalb Monaten nicht mehr, um genau zu sein, weil er gerade auf Tour mit seiner Band ist. Deshalb ist es ihr auch so wichtig, ihn rund um die Uhr mit versauten SMS, Skype-Dates und Co. bei Laune zu halten – und er sie mit Hilfe des We-Vibe 4 Plus. Aber dafür braucht sie verdammt noch mal NETZ.

Als die Connection bei Skype kurz darauf endlich steht, ist sie richtig nervös. Sie hat sich herausgeputzt wie bei einer ersten Verabredung: schöne Unterwäsche, rasierte Beine, Lipgloss, Kontaktlinsen. Er soll sehen, was er an ihr hat. Sie klickt auf »Videoanruf«. Es tutet. Schnell noch mal im Geiste die wichtigsten Cybersex-Regeln für Girls durchgehen:

1. Vermeide es, dein Gesicht zu zeigen (Hacker-Alarm!). Stell das (für IHN) Wichtigste in den Fokus: deine Titten.
2. Setz dich nicht gleich halbnackt vor den Laptop, sondern lass dir Zeit beim Entledigen deiner Kleidung. Tu dabei so, als würdest du dich ein wenig zieren, und frag immer wieder nach, ob du dieses und jenes ausziehen sollst. Auf diese Weise kannst du dich vor affigem Dirty Talk retten.
3. Egal, was er von dir verlangt: Tu es! Er wird dich dafür lieben. Und lass dir ruhig auch von ihm alles zeigen, was du sehen willst.
4. Schaltet den PC aus, wenn ihr beide gekommen seid. Alles andere ist irgendwie absurd. Oder willst du ihm beim Spermawegputzen zugucken? Eben.
5. Akkus aufladen.
6. Du traust dich nicht, live zu performen? Dann probier's doch mal mit sexy GIFs (Kurzvideos) und sende deinem Liebsten ein und dieselbe Bewegung – zum Beispiel, wie du deinen BH öffnest – in Dauerschleife. Das findet er bestimmt ziemlich geil.

Heute geht beim Skypen und Vibrieren blöderweise alles schief. Denn es steht immer nur eins: die Verbindung oder der Schwanz ihres Freundes. Sie sitzt gut zwanzig Minuten mit freiem Oberkörper vor dem Computer, ehe sie schließlich aufgeben. Kein Cybersex möglich im karibischen Paradies. Mist! Dabei hatten sie schon angefangen, sich gegenseitig heißzumachen ... Bestimmt zehn Minuten lang. Doch alles, wozu sie heute kommt, ist folgendes Fazit: Cybersex sucks!

Wer trotzdem nicht darauf verzichten kann, sollte sich der Vollständigkeit halber noch mal kurz die Cybersex-Regeln für Männer zu Gemüte führen:

1. Verlange nie von deiner Freundin, dass sie dir ihren Hintern zeigt. Echt nicht. Keine Frau möchte ihren Arsch auf einem Bildschirm sehen. Warte damit einfach, bis ihr euch in natura seht.
2. Übertreib es nicht mit dem Dirty Talk. Das überfordert deine Freundin.
3. Wichse bitte nicht auf die Kameralinse.
4. Sag deiner Frau immer wieder, wie heiß und perfekt du ihren Körper findest. Dadurch wird sie locker.
5. Unterhalte dich immer erst ein paar Minuten mit ihr, pack nicht sofort deinen Schwanz aus. Sonst fühlt sie sich wie ein Cam-Girl.
6. Akkus aufladen.

X wie X-trem ungeil

Was, wenn dein Mann asexuell ist?

Männer wollen immer, heißt es. Richtig ist aber: Sie müssen immer wollen. Es wird von ihnen – aus Imagegründen – erwartet.

Dabei ist das fern jeder Realität. Eine Blitzumfrage unter meinen Freundinnen hat nämlich kürzlich ergeben, dass jeder dritte Kerl um die fünfunddreißig (!) unter Unlust »leidet«. Das bedeutet, dass deutlich zu viele meiner wunderbaren Freundinnen es viel zu selten anständig besorgt bekommen.

Und damit nicht genug: Einige outeten ihren Liebsten gar als asexuell. Meine Freundin S. liebte beispielsweise mal einen Mann, der weder eine Erektion bekommen konnte (oder wollte?) noch Lust auf Sex (mit ihr) hatte. Nie. Meine Freundin war deswegen verständlicherweise total verzweifelt. Immerhin hatte sie alles Mögliche probiert: Latexkostümchen, Hardcore-Pornos, Fesselspiele – doch nichts konnte ihren Mann M. wieder auf Touren bringen. Er selbst litt angeblich ebenso unter seiner Unlust, wahrscheinlich weil S. deswegen frustriert war. Deshalb entschlossen sich die beiden irgendwann, einen Dildo in ihr Ehebett zu holen: rosarot, groß, hart. Und allzeit bereit. Damit musste M. es meiner Freundin nun immer kräftig besorgen, wenn ihr danach war, so lautete ihr Deal. »Sonst verlass ich dich«, hatte sie zu ihm davor gesagt.

M. hatte zunächst nichts dagegen einzuwenden. Doch mit der Zeit schlich sich ein gewisser Penisneid in ihre Beziehung ein: Der Mann meiner Freundin war plötzlich eifersüchtig auf ihren Dildo! Denn das Sexspielzeug hatte alles, woran es ihm selbst mangelte. So kam es, dass das Sextoy eines Tages verschwunden war. Meine Freundin suchte im ganzen Haus nach ihrem geliebten Dildo, bis sie plötzlich begriff, was geschehen war: Ihr Mann hatte ihre Orgasmusgarantie in den Sondermüll geschmissen! Noch am selben Abend zog S. aus der gemeinsamen Wohnung aus und kehrte nie wieder zu ihrem Mann zurück.

Einer Bekannten erging es ähnlich. Sie hatte zwar einen Mann mit einem stattlichen Penis, der auch nach Belieben stand. Jedoch verspürte sein Träger, nachdem etwa fünf gemeinsame Jahre ins Land gezogen waren, nicht mehr die geringste Lust auf Sex mit meiner Bekannten. Darunter litt sie gewaltig. »Ich wünsche mir so sehr, dass er mich mal wieder so richtig nimmt«, klagte sie, die erst 27 war, mir einmal ihr Leid. Allerdings wartete sie darauf vergebens. Wie es schien, war ihr Mann plötzlich asexuell geworden. Er litt sehr unter diesem Umstand. »Ich weiß nicht, was mit mir los ist«, gestand er ihr eines Abends. »Sex interessiert mich einfach nicht mehr – weder mit dir noch mit anderen Frauen. Jetzt wirst du mich bestimmt verlassen ...«

Das war natürlich ein Riesenschock für meine Bekannte; allerdings wollte sie ihren Partner auf keinen Fall verlassen. Er war die Liebe ihres Lebens.

So kam es, dass sie dazu überging, jeden Abend mehr oder weniger heimlich unter der Bettdecke zu masturbieren. Ihr Mann bekam das natürlich mit und schlug ihr eines Abends vor, sich doch ruhig ganz offen in seiner Gegenwart auszuleben. Er finde es sogar ziemlich erregend, ihr dabei zuzusehen. Seitdem deckt sich meine Bekannte nicht mehr zu, sondern masturbiert nackt, absolut hemmungslos und laut stöhnend neben ihrem Mann. Manchmal ist er so großzügig und schenkt ihr einen innigen Zungenkuss, saugt an einer ihrer Brustwarzen oder schiebt zwei, drei seiner Finger in sie hinein, während sie sich ihre Klitoris reibt. Auf diese Weise hat meine Bekannte nun doch wieder irgendwie Sex mit ihrem Partner und erlebt sogar fulminante Orgasmen, ohne fremdgehen zu müssen.

Allerdings hat mir meine Bekannte verraten, dass ihr dennoch etwas fehlt. »Ich würde so gerne mal wieder mit dem Mann, den ich liebe, verschmelzen. So richtig ficken, verstehst du?« Natürlich verstand ich. Deshalb habe ich ihr auch geraten, sich von ihrem Partner zu trennen. Aber davon will sie nichts wissen. Die Liebe zu ihm sei ihr wichtiger als ein perfektes Sexleben. Und tatsächlich wirkt sie auf mich immer noch glücklicher als meine Freundin S., die seit der Trennung von ihrem Mann Nacht für Nacht ziellos durch die Bars auf St. Pauli streift und in der Regel nur mit einem im Bett landet: ihrem (nachgekauften) rosafarbenen Dildo. Groß, hart, allzeit bereit. Aber leider kalt wie ein Fisch.

Natürlich gibt es auch viele Frauen, die asexuell sind. Nicht umsonst hat die Pharmaindustrie gerade »Pink Viagra« auf den Markt geschmissen, ein Präparat namens Flibanserin (ursprünglich als Antidepressivum entwickelt), das lustlose Frauen dauergeil machen soll (oder zumindest geiler, als sie es bisher zwischen Kindern, Karriere und dem ganzen anderen anstrengenden Kram sein konnten). Wobei: Nötig haben die Lustpille für Frauen wohl eher deren Männer. Laut eines Sexreports des TV-Senders ProSieben von 2008 hätten 61 Prozent von ihnen gerne mehr Sex mit ihrer Partnerin, kriegen ihn aber nicht. Schuld ist, klar, der Job: 51 Prozent der Frauen benennen beruflichen Stress als größten Lustkiller. Weitere 18 Prozent haben – Achtung, jetzt kommt's! – schlichtweg keine Lust auf den Sex, der ihnen mit ihrem Partner bevorstünde. Jemand anders würde sie also theoretisch antörnen.

Eine Dauermedikation (Flibanserin muss mehrwöchig eingenommen werden, damit es wirkt), um ihre Lust anzukurbeln, brauchen diese Frauen also definitiv nicht. Wohl aber einen weniger stressigen Berufs- und Familienalltag. Oder einen neuen Mann.

Pink Viagra wird wohl trotzdem die Welt erobern, weil die weibliche Sexualität und die damit verbundenen Unsicherheiten vieler Frauen längst zu einem profitablen Wirtschaftszweig geworden sind. Wenn es Frauen gibt, die sich die Klitoris mit Hyaluronsäure unterspritzen lassen, um bessere Orgasmen zu bekommen, oder sich aus ästhetischen Gründen die Schamlippen verkleinern lassen, gibt es mit Sicherheit auch genügend Geschlechtsgenossinnen, die freiwillig Medikamente einnehmen, um ihre Geilheit anzukurbeln. Denn Geilheit ist etwas unerhört Kostbares. In keinem anderen Zustand fühlt man so viel Lebensenergie in sich und ist so sehr eine Kreatur, die den Sinn ihres Lebens erfüllen möchte: sich fortpflanzen, kopulieren, ein Baby machen, ficken.

Ich persönlich finde künstlich kreierte Lust unsexy. Pink Viagra ist ein rosa Elefant, mit Hilfe von Drogen erschaffen und nicht real. Außerdem sind die damit einhergehenden Nebenwirkungen wie Ohnmacht und Angstzustände mehr als abschreckend. Wenn schon Drogen beim (und für besseren) Sex, dann doch lieber ein gutes Glas Rotwein. Und das gilt für beide Geschlechter.

Regel Nr. 1: Es gibt Leute, die haben zwar Lust auf Sex – bloß nicht auf den eigenen Partner. Sie sollten das Modell »monogame Langzeitbeziehung« noch einmal überdenken.

Regel Nr. 2: Es gibt Männer, die eifersüchtig auf das Sexspielzeug ihrer Partnerinnen sind. Tipp an die Frauen: Bezieht eure kleinen Helferlein in das Liebesspiel mit euren Männern mit ein.

Regel Nr. 3: Geilheit ist immer gut, weil sie Lebensenergie bedeutet.

Z wie Zeitdruck

Wie lange darf ein Blowjob dauern, ehe es peinlich wird?

Vor einigen Jahren saß ich mal in einem peruanischen Bergdörfchen mit zwei Franzosen, einer Dänin und einem Briten beim Italiener, trank chilenischen Rotwein und lauschte mit größtem Entsetzen den Schilderungen meiner Tischnachbarn. Während das Dessert serviert wurde, erheiterte man sich gegenseitig mit krassen Anekdoten aus dem berühmt-berüchtigten Berliner Technoclub Berghain. Das Problem: Ausgerechnet ICH – als einzige Deutsche in der Runde – war zu jenem Zeitpunkt noch nie dort gewesen. Das erfüllte mich mit so großer Scham, dass ich vorgab, ebenfalls schon dort gefeiert zu haben, und so tat, als langweilte mich das Gesprächsthema total. Denn immerhin sei der Schuppen ja mittlerweile »voll tourismäßig«, gab ich vor zu wissen.

Tja, und weiter? Kaum dass ich wieder im guten, alten Germania gelandet war, düste ich gen Hauptstadt und bettelte meine dort ansässigen Freundinnen an, mit mir in jenes sagenumwobene Berghain zu gehen. Es war nett dort – nicht überragend, aber nett. Und ich war heilfroh, dass ich diesen Punkt endlich von meiner »Dinge, die man gemacht haben sollte, bevor man dreißig wird«-Liste streichen konnte. Ich war damals immerhin schon neunundzwanzigeinhalb und stand somit ganz schön unter Zeitdruck.

Noch schlimmer ist es übrigens, wenn man im Bett unter Zeitdruck steht. Etwa in Zusammenhang mit Orgasmen. Kennt ihr, oder? Das kann einem wirklich alles vermiesen.

Szene 1: Sie liegt auf dem Rücken, nur noch mit einem verrutschten BH bekleidet. Er kniet zwischen ihren Schenkeln. Hektisch umkreist seine Zunge ihre Klitoris. Boah, ey, der hält echt voll auf den Spot drauf, denkt sie. Aua! Nicht gerade talentiert, der Junge ... Aber, hey, er gibt sich schließlich Mühe, hat offenbar Freude an der Sache. Also beschließt sie, aus Höflichkeit zumindest ein paar Minuten lang so zu tun, als hätte sie Spaß. Zeitdruck, die erste. »Na, gefällt dir das?«, will er zwischendurch wissen. »Mmh-hmmmm«, seufzt sie mit bemüht geil klingender Stimme.

Die große Frage, wenn dich einer leckt, ist ja immer: Macht er's, damit du feucht wirst und weil sich das als guter Liebhaber nun mal so gehört? Aus purer Berechnung, damit du dich hinterher schön brav bei ihm revanchierst? Oder schlicht und ergreifend, weil's ihm Spaß macht? Letzteres wäre selbstverständlich wünschenswert. Manche Männer entwickeln ja einen regelrechten Ehrgeiz, wenn es darum geht, eine Frau mit der Zunge zum Orgasmus zu kitzeln. Leider sind solche Männer seltener als gute Elektroclubs in niedersächsischen Kleinstädten. Praktisch nicht existent! Sprich: Wenn du doch mal zufällig an einen gerätst, der sein Zungenwerk exzellent versteht, dann halte ihn am besten so lange fest, wie es geht.

Eine Bekannte hatte mal aus einer Verlegenheit heraus etwas mit einem Mann, der zwar unglaublich langweilig, aber dafür verdammt gut im Bett war. Deshalb zog sich der Zeitpunkt bis zu ihrer unvermeidlichen Trennung auch wie Kaugummi in die Länge. (Zeitdruck, die zweite.)

Eines Abends – er hatte just eines seiner öden Strategie-Brettspiele (WTF?!) auf dem Wohnzimmertisch für sie aufgebaut – platzte meiner Bekannten der Kragen. »Glaubst du im Ernst, dass ich nach einem harten Arbeitstag freiwillig zwölf Stationen mit der U-Bahn zu dir eiere, um dann BRETTSPIELE mit dir zu spielen? Los, mach's mir mit deiner Zunge. Sofort!« (Zeitdruck, die dritte.)

Das war zugegebenermaßen wenig höflich, dazu noch menschenverachtend, sexistisch und stillos. Doch weil die sexuelle Anziehungskraft zwischen den beiden trotz allem ungemein groß war, legte er sie tatsächlich ein letztes Mal flach, schob ihre Schenkel auseinander und leckte sie innerhalb weniger SEKUNDEN zum Höhepunkt. Danach hat er meine Bekannte nach Hause geschickt und sie nie wieder angerufen.

Tja, und nun? Hat meine Bekannte sich in einen Mann verknallt, der die hohe Kunst der Zungenakrobatik so gar nicht beherrscht. Leider hat sie ihm das noch nicht gesagt, sondern hofft jedes Mal, dass er das selbst schnallt – weil sie ihren Unterleib stets von seinem Mund weg bewegt, anstatt sich ihm genüsslich entgegenzuschieben – ein untrügliches Zeichen dafür, liebe Männer, dass einer Frau NICHT gefällt, was ihr tut. Aber wie gesagt, ihrer kapierte das nicht so recht. Also griff sie im Eifer des Gefechts regelmäßig zu Plan B, um ihn wieder nach oben zu locken: »Oh Baby, du machst mich so scharf, ich halt's nicht mehr aus – ich will dich JETZT!« (Zeitdruck, die vierte.) Welcher Mann kann da schon nein sagen?

Szene 2: Aua. Deine Hand. Du kannst nicht mehr. Aber du darfst jetzt nicht aufhören! Er stöhnt wie verrückt. Das tut er nun schon seit geschlagenen fünfzehn Minuten. Also noch mal alles geben und das Teil in den Mund nehmen. Saugen. Unterdruck erzeugen. *Deep Throat.* Die Hand hinzunehmen. Mitstöhnen. Blickkontakt halten. Mit der zweiten Hand die Hoden kneten. Schneller werden. Bloß nicht aufhören … HERRGOTT, WIESO KOMMT DER DENN JETZT NICHT ENDLICH? So langsam wird's peinlich. Ist sein Stöhnen am Ende gespielt? Will er nur höflich sein? Bist du so mies?! Hoppla! Nun greift er dir in die Haare und ruft: »Bloß nicht aufhören, ich bin gleich so weit!« Okay, du zählst jetzt langsam von dreißig runter. Wenn er es bis dahin nicht geschafft hat, setzt du dich einfach auf ihn drauf. Dann habt ihr wenigstens beide etwas von seiner (Aus-)Dauer. Und null Zeitdruck.

Regel Nr. 1: Wenn eine Frau ihren Unterleib von dir wegstatt zu dir hinzieht, ist das ein untrügliches Zeichen dafür, dass sie genug von deiner Zungenakrobatik hat.
Regel Nr. 2: Es ist normal, dass du bei derselben Technik mal schneller, mal langsamer und auch mal gar nicht zum Höhepunkt kommst.
Regel Nr. 3: Lass dich auf dem Weg zu deinem Orgasmus nicht stressen. Wenn dein Partner keine Kraft oder Lust mehr hat, wird er sich schon bemerkbar machen. Bis dahin: Zurücklehnen und genießen!

Test: Wie gut bist du im Bett?

Nachdem du dich von meinen Geschichten hast inspirieren, erregen oder gar desillusionieren lassen, ist es nun an der Zeit herauszufinden, auf welchem Level sich DEIN Sexleben aktuell befindet. Bist du noch dabei, dein sexuelles Potential auszuloten? Schon total verdorben? Oder ein kleiner »Klemmi«? Mach den Check und kreuze jeweils den Buchstaben an, der dir am meisten liegt.

1. Erregen lasse ich mich am liebsten von ...

a) ... meinen Tagträumen. Mal phantasiere ich von meinem besten Kumpel, mal von Kim Kardashians Hintern. Und ich liebe es!

b) ... Pornos. Ich guck mir (fast) alles an, was auf dem Markt ist. Echte Menschen finde ich vergleichsweise öde.

c) ... kurzen, flüchtigen Begegnungen im Nachtleben.

d) ... na, von Schatzi!

2. Während des Sex trinke ich gerne Champagner, weil ...

b) ... meine Sexpartner unter Alkoholeinfluss eher dazu bereit sind, all die verrückten Dinge mitzumachen, auf die ich stehe.

c) ... ich dadurch Hemmungen abbaue.

153

a) … ich darauf stehe, das prickelige Zeug aus dem Bauchnabel meines Sexpartners zu schlürfen. Lecker!

d) Ich trinke keinen Alkohol. Und selbst wenn: Was soll ich mit dem Zeug in meinem Schlafzimmer?

3. Auf meiner To-do-Liste fürs Bett steht ganz oben …

b) … der Eiffelturm! Dabei hat die Frau mit Mann Nr. 1 Sex im Doggy-Style und befriedigt gleichzeitig Mann Nr. 2 oral. Der Clou: Beide Männer high-fiven anschließend einander. *brüll*

a) … es mit jemand anders zu tun als mit meinem Partner. Aber: Pssssst!

c) … mich mal so richtig krass fesseln und auspeitschen zu lassen.

d) … mal das Licht anzulassen.

4. Wie stehst du zu Pornos?

d) Kein Interesse.

a) Ich bin ein »Pornocchio« und lüge grundsätzlich in Bezug auf meine Porno-Sehgewohnheiten. Also frag mich gar nicht erst.

c) Mich interessieren Pornos von weiblichen Regisseurinnen, in denen die Lust der Frau im Mittelpunkt steht.

d) Mir genügen zwei Minuten meiner Lieblingsszenen – und peng! Reines Mittel zum Zweck.

5. Was törnt dich ab?

c) Ich finde Dirty Talk total peinlich. Allein schon von dem Wort »Muschi« bekomme ich einen Lachkrampf.

d) Sex ohne Kondom, wenn das Bett gerade frisch bezogen wurde. Pfui.

a) Akrobatische Verrenkungen. Ich steh eher auf Vanilla-Sex im »Löffelchen« als stehend unter der Dusche. Sonst krieg ich wieder Rücken …

b) Haare im Intimbereich. Wozu gibt es Waxing-Studios?

6. Den schönsten Sex habe ich …

a) … sonntagmorgens. Wenn ich Workaholic endlich mal halbwegs entspannt bin.

d) … hoffentlich noch vor mir.

c) … mit meinem Lieblingssextoy! Da ist mir mindestens ein Orgasmus garantiert.

b) … immer noch mit Profis. Is so.

7. Was war deine verrückteste Sexaktion aller Zeiten?

a) Ähm – Sex ohne Kondom. Ihm/ihr zuliebe. Das Ergebnis war neun Monate später Klein Karlchen.

b) Ich hatte die Chance, mit einem B-Promi zu schlafen, und habe es nur der Story wegen tatsächlich getan. Meine Freunde haben sich köstlich über meine Ausführungen amüsiert!

c) Ich habe mich meinem Partner zuliebe in ein total albernes Kostüm geworfen. Stichwort: Flamingo.

d) Ich habe ein privates Sextape gedreht und bei YouPorn hochgeladen.

Test-Auswertung

Welchen Buchstaben hast du am häufigsten angekreuzt – a, b, c oder d?

Überwiegend a): Der Rohdiamant
In dir schlummert ein großes sinnliches Potential, das du bisher noch nicht ausschöpfen konntest. Vermutlich, weil du noch nicht das Glück hattest, auf einen einfühlsamen Liebhaber zu treffen, der dich dazu bringt, im Bett deine Grenzen auszuloten, und Spaß daran hat, deinen individuellen Orgasmuscode zu knacken. Aber keine Panik, die erotischen Vibes, die du versprühst, werden in Kürze dazu führen, dass du bekommst, was dir gebührt. Bleib offen und neugierig!

Überwiegend b): Der Nymphomaniac
Sex ist dein Lebensinhalt. Du hast Spaß daran, deine Umgebung mit Zweideutigkeiten zu provozieren, kennst praktisch kein Tabu und prahlst gerne mit deinen Erlebnissen – egal, ob Sex mit dem Chef, ein privates Sextape oder deine zahlreichen Eroberungen bei Tinder. Mein Tipp: Schalte mal einen Gang runter! Gut im Bett zu sein bedeutet nicht, dass man alle möglichen (und unmöglichen) Praktiken im Repertoire haben, ständig etwas Neues, noch Krasseres ausprobieren oder die Stellung im Minutentakt wechseln muss.

Überwiegend c): Die Sexgöttin
Du bist mutig, kreativ, aufgeschlossen und interessierst
dich für vieles, was dein Sexleben aufregender und besser
machen könnte. Dabei lässt du dich nicht von moralischen
Wertvorstellungen bremsen. Wenn du Lust auf mehrere
Liebhaber, gleichgeschlechtlichen Sex oder ein neues Sextoy hast, dann holst du es dir und genießt. Bravo!

Überwiegend d): Der »Klemmi«
Kann es sein, dass du bisher immer nur Pech mit deinen
jeweiligen Sexpartnern hattest? Sieht fast so aus, denn Sex
scheint für dich keinen besonderen Stellenwert zu haben.
Du würdest ihn eher als lästig, überflüssig und reizlos bezeichnen. Vermutlich, weil du schon viel zu lange in einer
öden Beziehung oder Ehe feststeckst. Mein Rat: Auf zu
neuen Ufern! Das Leben ist zu kurz für schlechten Sex –
also gönn dir so schnell wie möglich einen neuen Liebhaber.

Quellen

Die Zeit (1/2011) & www.zeit.de/zeit-wissen/2011/01/
Freundschaft?wt_zmc=sm.ext.zonaudev.mail.ref.zeitde.
share_small.link.x

www.welt.de/gesundheit/article123477244/Der-
weibliche-Orgasmus-bleibt-voller-Geheimnisse.html

www.welt.de/vermischtes/article147555089/Maenner-
haben-keine-Lust-auf-Gnadensex.html

www.spiegel.de/lebenundlernen/schule/platonische-
freundschaft-da-laeuft-doch-was-oder-a-663096.html

timesofindia.indiatimes.com/city/ahmedabad/Woman-
gets-life-term-for-killing-husband/articleshow/52738955.
cms

www.tagesschau.de/ausland/el-chapo-103.html

www.stuttgarter-zeitung.de/inhalt.liebes-sms-von-el-
chapo-die-geliebte-des-mafiosos.2d5c00be-0c22-4d92-
b65f-8422c49a87f0.html

www.herself.com

www.omgyes.com

www.zeit.de/zeit-magazin/leben/2016-05/sex-gespraech-
dirty-talk-kosenamen

www.bild.de/unterhaltung/leute/khloe-kardashian/
verraet-ihre-wildesten-sex-momente-44301040.bild.html

kurier.at/stars/keine-geheimnisse-promis-sprechen-
ueber-sex-vorlieben/106.363.357/slideshow

www.krone.at/stars-society/quickies-im-fahrstuhl-die-
sex-eskapaden-der-stars-ausgeplaudert-story-503815

www.deichkind.de/?s=Tinder

Emotion (Heft 06/2015): »Hormone und Liebe – So stark
steuern Pille und Co. unsere Persönlichkeit und unsere
Beziehung«

Der Spiegel (Heft 21/2015): »Was Frauen wollen«

www.spiegel.de/wissenschaft/medizin/sex-frauen-sind-
im-bett-selbstbewusster-als-frueher-a-1034113.html

www.stern.de/lifestyle/leute/hollywood-kate-hudson-
glaubt-nicht-an-monogamie-3292320.html

Handelsblatt (Nr. 5, 11/2015): Interview mit Vivienne
Westwood

www.sueddeutsche.de/leben/schlafgewohnheiten-
krisengebiet-doppelbett-1.2195906

www.dak.de/dak/bundes-themen/muedes-deutschland-
schlafstoerungen-steigen-deutlich-an-1885310.html

www.youtube.com/watch?v=WuBKJg-8B_8

Christian Seltmann

»Where the fuck is the Führer?«

Als Touri-Guide in Berlin

Humor.
Taschenbuch.
Auch als E-Book erhältlich.
www.ullstein-buchverlage.de

Unter den Blinden – Leben und Leiden eines Touri-Guides

Was war noch mal BRD? Gibt's hier auch 'nen Aldi? Where the fuck is the Führer? Solche Fragen muss Christian Seltmann ertragen, während er Touristen durch's Verkehrs- und Geschichtschaos des Berliner Hauptstadtdschungels leitet. Amerikanische Fahrrad-Legastheniker kollidieren mit cholerischen Lieferwagenfahrern. Rentner aus Bottrop blockieren auf Segways die Friedrichstraße. Australische Reisealkoholiker suchen den totalen Absturz. Nein, Touri-Guide ist kein leichter Job in dieser Stadt – wird aber versüßt durch die Bezahlung und durch bildschöne Frauen auf Junggesellinnen-Abschied. Eins steht jedenfalls fest: Berlin geht nicht ohne Führer …

ullstein